A CRIMINALIDADE TRANSNACIONAL NA UNIÃO EUROPEIA

UM MINISTÉRIO PÚBLICO EUROPEU?

ALFREDO JOSÉ DE SOUSA

Presidente do Tribunal de Contas

A CRIMINALIDADE TRANSNACIONAL NA UNIÃO EUROPEIA

UM MINISTÉRIO PÚBLICO EUROPEU?

ALMEDINA
1955-2005

A CRIMINALIDADE TRANSNACIONAL
NA UNIÃO EUROPEIA
Um Ministério Público Europeu?

AUTOR
ALFREDO JOSÉ DE SOUSA

EDITOR
EDIÇÕES ALMEDINA, SA
Rua da Estrela, n.º 6
3000-161 Coimbra
Tel.: 239 851 904
Fax: 239 851 901
www.almedina.net
editora@almedina.net

EXECUÇÃO GRÁFICA
G.C. – GRÁFICA DE COIMBRA, LDA.
Palheira – Assafarge
3001-453 Coimbra
producao@graficadecoimbra.pt

Junho, 2005

DEPÓSITO LEGAL
229411/05

Toda a reprodução desta obra, por fotocópia ou outro qualquer processo,
sem prévia autorização escrita do Editor,
é ilícita e passível de procedimento judicial contra o infractor.

Agradecimentos:

À D. Lurdes Garcia, pelo intenso trabalho de processamento de texto, e à minha filha Constança, docente universitária de Direito Comunitário, pela colaboração prestada.

NOTA EXPLICATIVA

1. Em finais de 2003 fui convidado pela minha amiga Milagros Garcia Crespo Professora de Economia Aplicada, da Universidade do País Basco, em Bilbau, a elaborar um texto sobre "**a política antifraude financeira na União Europeia**".

Pesou certamente no convite, para além do mais, o facto de, desde 4 de Abril de 2001, ser membro (um dos cinco membros, quatro dos quais em representação da Alemanha, França, Inglaterra e Itália) do Comité de Surveillance do OLAF (Office Européan de Lutte Antifraude).

Este organismo, criado em 1999, é o instrumento da União Europeia da luta contra a violação dos seus interesses financeiros, incluindo a corrupção dos seus funcionários agentes e dirigentes.

Tal texto destinava-se a uma publicação por uma editora inglesa, subordinada ao tema "Controlo das despesas públicas na União Europeia: a necessidade de coordenação".

Essa publicação, que seria coordenada pela professora Milagros Crespo, incluía textos da autoria de vários professores universitários da área das finanças públicas e membros de Instituições Superiores de Controlo Financeiro, incluindo dos prestigiados membros do Tribunal de Contas Europeu.

Foi muito fecundo o trabalho de recolha de informação sobre o tema de que me encarreguei de tratar.

Desde muito cedo que a União Europeia, então Comunidade Económica Europeia (CEE) se vinha a preocupar com uma política de criminalização das infracções em detrimento dos seus orçamentos para combater as fraudes ligadas aos subsídios das suas políticas estruturais.

A incursão sobre os textos legislativos, programáticos e doutrinais nesta matéria em várias oportunidades entrelaçava-se com os marcos da evolução da **política comunitária em matéria de combate à cri-**

minalidade grave, organizada, transfronteiriça, para além de luta antifraude financeira.

Cumprido que foi o meu compromisso de elaborar e remeter o texto à Professora Milagros Crespo (a obra global ainda aguarda publicação) entendi que devia ir mais longe.

Aquele texto serviu de base ao capítulo I desta obra.

2. Assim não só me propus desenvolver o tema da luta antifraude e corrupção como também descobri os contornos da política da União Europeia em matéria criminal.

As liberdades de circulação de pessoas, bens capitais e serviços no espaço comunitário facilitaram o aparecimento de sofisticadas formas de criminalidade organizada, muitas delas ligadas também à violação dos interesses financeiros da União Europeia.

Entretanto dois acontecimentos marcantes redobraram o meu interesse por estas áreas fundamentais: os trágicos atentados terroristas de 11 de Março de 2004 em Madrid e o processo da aprovação duma Constituição para a Europa.

Sobretudo porque esta Constituição previa (art. III – 274.°) a instituição futura de uma Procuradoria Europeia a fim de combater "as infracções lesivas dos interesses financeiros da União".

Era pois a consagração duma tese que desde o começo da minha participação no Comité de Surveillance do OLAF me habituei a aceitar e defender como instrumento de legitimação e eficácia dos inquéritos quasi-penais conduzidos por este organismo na luta antifraude financeira e contra a corrupção no interior da União Europeia.

Basta consultar os relatórios anuais e pareceres daquele Comité, e as intervenções feitas por Mireille Delmas-Marty, Professora de Direito Penal da Sorbonne e membro daquele Comité.

Sobretudo o "Corpus Júris" e o subsequente estudo do impacto que a criação do Procurador Europeu nele proposta teria nos sistemas policiais e judiciários dos Estados-Membros[1], feitos sob a direcção daquela eminente catedrática.

Mas a Constituição para a Europa previa ainda, "em simultâneo ou posteriormente" a essa criação, a adopção duma decisão europeia "a tor-

---

[1] Cfr. nota n.° 38, infra.

nar as atribuições da Procuradoria Europeia extensivas ao combate contra a criminalidade grave com dimensão transfronteiriça".

Daí que a política antifraude e corrupção da União Europeia devesse ser tratada, para melhor ser compreendida, a par da política de combate à criminalidade grave e transnacional.

Nesta não só se deveria incluir o **terrorismo** mas também outras formas de criminalidade organizada designadamente, **os tráficos** de drogas, armas, seres humanos, criminalidade informática e branqueamento de capitais a elas associadas.

Os trágicos acontecimentos de Madrid, vieram mostrar que o terrorismo fundamentalista islâmico também se desenvolve, em organizações transnacionais, na União Europeia. **O crime organizado** das máfias de Leste para a imigração ilegal e dos tráficos de drogas que atravessaram quasi todos os Estados-Membros estão em constante desenvolvimento.

Tudo potenciado pelas **liberdades de circulação de pessoas, bens, capitais e serviços decorrente da abolição de fronteiras** entre os 15, agora 25, Estados-Membros.

A fragmentação dos espaços judiciais nacionais na União Europeia é um natural obstáculo à eficácia do combate a esta criminalidade grave organizada.

O obstáculo que está longe de ser superado pela cooperação policial e judiciária dos Estados-Membros, cujos instrumentos normativos do 3.º Pilar na maioria dos casos ainda não foram adoptados nas respectivas ordens jurídicas.

3. A Constituição para a Europa marca alguns traços de federalismo em muitas áreas da União Europeia, e a disposição do art. III – 274.º é uma delas.

Passada a fase da cooperação judiciária e policial, e implementados todos os instrumentos normativos comunitários que a devem suportar, **impõe-se que os Estados-Membros compartilhem a sua soberania** na perseguição das formas mais graves de criminalidade transnacional.

Essa compartilha terá que passar necessariamente pela **concentração numa instituição europeia – a Procuradoria Europeia** – das competências para investigar instruir e levar a julgamento nas jurisdições nacionais os autores e comparticipantes daquela criminalidade grave **em todo o espaço comunitário**.

Obviamente em articulação com as autoridades de polícia criminal de cada Estado-membro.

Só assim se superará a fragmentação dos espaços judiciários nacionais, de costas voltadas uns para os outros, dando eficácia ao combate ao crime organizado facilitado pelas liberdades de circulação no interior da União Europeia.

Será uma opção política de grande coragem que terá que ser tomada por todos (ou por alguns no âmbito da cooperações reforçadas) os Estados-Membros pelo menos a médio prazo.

Esta atribuição de competências de procedimento penal a exercer no território dos Estados-Membros, logo em território português, **não contende com a nossa Constituição da República**.

É certo que o seu art. 219.º dispõe "ao Ministério Público compete representar o Estado e defender os interesses que a lei determinar".

O que pressupõe que o Ministério Público é único e apenas representa o Estado Português. O que parece contrariar a admissibilidade de um Ministério Público que que representa a União Europeia, isto é, um Ministério Público que está no exterior do Estado Português.

Mas não podemos ignorar que o Estado Português integra a União Europeia. Como se impõe reconhecer que o Ministério Público Europeu, perseguindo crimes com conexão objectiva ou subjectiva com o Estado Português, defende também interesses deste.

Nada obsta pois a que a lei portuguesa venha a consagrar esta competência do Ministério Público Europeu.

Sobretudo se esta competência for exercida por delegados da Procuradoria Europeia inseridos na estrutura da Procuradoria-Geral da República, ainda que dependentes funcionalmente daquela.

Acresce finalmente que o n.º 4 do art. 8.º da Constituição da República, aditado pela Lei Constitucional n.º 1/2004 permite a aplicação na ordem jurídica portuguesa do art. III – 274.º da Constituição para a Europa e da lei europeia do Conselho que regular a Procuradoria Europeia.

De resto, o n.º 6 do art. 7.º na sua redacção dada pela mesma lei constitucional, é expressivo ao dispor que "**Portugal pode** ... tendo em vista a realização ... de um espaço de liberdade, segurança e justiça ... **convencionar o exercício em comum, em cooperação ou pelas instituições da União, dos poderes necessários à construção e aprofundamento da União Europeia**".

Com a publicação deste modesto trabalho sobre matérias tão melindrosas porque além do mais passam além dos paradigmas tradicionais da soberania territorial dos Estados **apenas se pretende dar um contributo para a sua discussão** a qualquer nível, sobretudo jurídico e político.

Tanto mais que a Constituição para a Europa deverá ser sujeita a referendo em breve em Portugal, não obstante os referendos negativos da França e Holanda.

Quanto mais informação e discussão sobre a Europa mais consciente será o referendo da sua Constituição, e a construção duma União Europeia dos povos e dos Estados.

CAPÍTULO I
COMBATE À FRAUDE FINANCEIRA E CORRUPÇÃO NA UNIÃO EUROPEIA

I. ORIGEM E FUNDAMENTO DA LUTA ANTI-FRAUDE

1. Segundo a Resolução do Parlamento Europeu (2002/2211-INI) referente ao relatório da Comissão sob a protecção dos interesses financeiros das Comunidades e luta contra a fraude[2] no ano de 2001 o montante total dos casos de fraudes e irregularidades financeiras atingiu **1.275 milhões de euros**, decomposto pelas seguintes rubricas:
– Receitas: Recursos próprios: 532,5 milhões de euros (ano precedente: 1143);
– Despesas: FEOGA-Garantia: 429 milhões de euros (ano precedente: 576);
Acções estruturais: 249 milhões de euros (ano precedente: 139)
Despesas directas: 64,2 milhões de euros (ano precedente: 170)
Trata-se de um decréscimo de vulto comparativo a 2000, ano no qual o montante total foi calculado em **2 028 milhões de euros**.

Em Junho de 2003, esta tendência decrescente manifesta-se também no 4.º relatório de actividades do OLAF (Organismo Europeu de Luta Anti-fraude) em que se afirma que "o impacto financeiro estimado e determinado no final dos inquéritos relativos a todos os sectores ascende a 850 milhões de euros"[3].

Todavia o Parlamento Europeu, na sua Resolução referente ao relatório da Comissão sobre a avaliação das actividades do OLAF (COM, 2003, 154) em 4/12/2003, considera que só em 2002, foi apurado um montante de cerca de **dois mil milhões de euros** em irregularidades e fraudes financeiras.

Num relatório de avaliação da actividade do OLAF, apresentado pela Comissão em finais de Outubro de 2004 estima-se que as actividades ope-

---

[2] Relatório Anual de 2001 da Comissão – JO, C – 295, de 28.11.2002.
[3] Sitio Internet: europa.eu.int/olaf

racionais daquele organismo desde 1 de Junho de 1999 incidiram sobre um **prejuízo financeiro potencial de 5,339 mil milhões de euros**.

Do ponto de vista financeiro, o principal sucesso do OLAF nos anos passados residiu num acordo entre a Comunidade Europeia, alguns Estados-Membros e produtores de cigarros dos Estados Unidos que foi concluído, entre outros, graças às actividades operacionais do OLAF. Um montante de 1,25 mil milhões de dólares americanos será pago nos próximos doze anos à EU e aos Estados-Membros que participarem nesta acção legal (comunicado da imprensa do OLAF, de 26/11/2004).

Estes números dão uma ideia nítida da importância da luta que é necessária travar contra a violação dos interesses financeiros da União Europeia.

Sobretudo se considerarmos que a **fraude e a corrupção** que lhe está ligada se reveste frequentemente dum carácter **transnacional** e é objectivo de **organizações criminosas**.

Fraudes e irregularidades que apresentam uma **tipologia** bem definida, **em matéria de despesas** estruturais e despesas directas. Indica-se a título exemplificativo a inelegibilidade de despesas, a falta de co-financiamento, a sobrefacturação de preços unitários, falsa facturação de fornecimentos, fraccionamentos de despesas para evitar concursos públicos, conluios nos concursos, favoritismos, conflito de interesses dos funcionários, desvio de fundos, corrupção.

No que respeita a **recursos próprios** as principais categorias de fraudes verificaram-se nos direitos alfandegários, na contrafacção e no tráfico de cigarros, nas falsas declarações de origem para benefício de tratamentos preferenciais e técnicas de carrossel para evitar o IVA.

Antes porém de nos debruçarmos sobre a actual estratégia de combate anti-fraude, impõe-se contextualizar historicamente toda esta problemática desde a sua origem até à criação do OLAF em 1999, e desta altura até ao Tratado da Constituição Europeia.

2. O tratado de Paris (1951), que institui a Comunidade Europeia do Carvão e do Aço. (CECA) e os tratados de Roma (1957) que instituíram a Comunidade Económica Europeia (CEE) e a Comunidade Europeia da Energia Atómica (CEEA), consagravam algumas disposições financeiras relativas aos respectivos orçamentos.

O primeiro previa um mecanismo orçamental simplificado em que as despesas administrativas e operacionais da CECA eram cobertas com receitas provenientes de um **imposto sobre a produção do carvão e do aço** e de empréstimos.

Já os seguintes (CEE e CEEA) continham um título "Disposições Financeiras", com 11 e 13 artigos, respectivamente, que regulamentava com mais precisão o processo orçamental, em que as receitas eram constituídas pelas **contribuições de cada Estado-membro** a fixar segundo um critério de repartição expressamente previsto.

Os problemas orçamentais das três comunidades simplificaram-se com o tratado de Bruxelas de 8 de Abril de 1965 (tratado de fusão) que, fundindo os respectivos executivos, permitiu estabelecer **um só orçamento para as despesas** de todas elas, salvo as despesas operacionais da CECA e o orçamento de investigação da CEEA.

Consagrou-se assim um **Orçamento geral das Comunidades Europeias**, que deveria ser publicado no Jornal Oficial e com ele os princípios da unidade e universalidade orçamental, com excepções justificadas (operações do Banco Europeu de Investimento, da Agência de Investimento da CEEA, do Fundo Europeu de Desenvolvimento, e operações de contracção e concessão de empréstimos).

3. Cautelosamente os tratados contemplavam já a possibilidade daquelas contribuições financeiras dos Estados-membros virem a ser substituídos por **recursos próprios** das comunidades (art. 201.º/CEE; art. 173.º/CEEA).

Apoiada nessa previsão, o Conselho pela **Decisão de 21 de Abril de 1970** atribui **pela primeira vez** às Comunidades Europeias **"recursos próprios"** que permitam a cobertura das respectivas despesas.

Tais recursos próprios são verdadeiras receitas de natureza fiscal: direitos niveladores agrícolas, direitos aduaneiros e percentagem até 1% do imposto sobre o valor acrescentado (IVA).

Não obstante serem receitas das Comunidades, a sua arrecadação compete às administrações dos Estados-membros.

Esta "revolução" orçamental implicou paralelamente duas consequências: **o reforço do papel do Parlamento** como autoridade Orçamental (tratado do Luxemburgo de 1970) e a **criação do Tribunal de Contas Europeu** (tratado de 22 de Julho de 1975), como órgão independente do controlo externo da actividade financeira das comunidades.

O que se compreende, já que tais recursos próprios provêm dos **contribuintes dos Estados-membros**. Daí que a sua utilização nas despesas de funcionamento e das politicas comuns das Comunidades devesse ser objecto de sancionamento do Parlamento Europeu, enquanto órgão representativo dos contribuintes, e de rigoroso controlo independente.

Para além do financiamento da organização administrativa das Comunidades Europeias, tais recursos eram utilizados no financiamento da **política agrícola comum** – cerca de 70% do orçamento era aplicado na garantia dos mercados agrícolas –, da **política de desenvolvimento interno** (convergência económica dos Estados-membros política social, regional, reconversão industrial ambiente), das intervenções nos domínios da energia e investigação, da cooperação com terceiros países.

Não obstante os orçamentos das Comunidades terem uma dimensão modesta, representando em 1979 apenas 0,8% do PIB e 2,8% do total dos orçamentos nacionais[4], a preocupação com o combate à violação dos interesses financeiros era já uma realidade por parte da Comissão e do Conselho.

4. A dimensão, sempre crescente, das **despesas da política agrícola comum** foi criando sucessivas dificuldades orçamentais.

O exercício orçamental de 1982 encerrou-se com a necessidade de reenvio para o exercício de 1983 a título de FEOGA-Garantia de 675 MECU, para além dos 15.811 MECU autorizados.

A necessidade do crescimento das fontes de financiamento ou de criação de novas fontes passou a ser uma constante controvérsia entre a Comissão, o Conselho e o Parlamento.

Por outro lado com **a entrada do Reino Unido nas Comunidades** as dificuldades orçamentais agravaram-se, devido aos reembolsos compensatórios que se reconheceu serem devidos àquele Estado-membro.

O Regulamento/CEE 1172/76, com base no art. 235.°/CEE, criou um mecanismo financeiro por 7 anos a título experimental, para compensação dos Estados-membros, que sendo contribuintes líquidos das Comunidades, preencherem certas condições.

Todavia não logrou satisfazer as insistentes pretensões do Reino Unido, o que levou a encontrar mecanismos tendentes a encontrar compensações para o que se designou como "**desequilíbrios inaceitáveis**"

---

[4] Daniel Strasser, "Les Finances de L'Europe", Edições Labor (Bruxelas), 1980, pág. 337. Já em 1977, o Relatório Mac Dougall, elaborado a pedido da Comissão, preconizava que a Comunidade consagrasse entre 5% a 10% do seu PIB às suas despesas (*ibidem*).

(decisão do Conselho de 30 de Maio de 1980; acordo de Fontainebleu de 26 de Junho de 1984; acordos de Bruxelas de Fevereiro de 1988).

Para assegurar o equilíbrio orçamental, que na década de oitenta vinha sendo sistematicamente posto em causa, a Decisão n.º 88/376/CEE do Conselho de 24 de Junho de 1988 criou uma **nova contribuição financeira** dos Estados-membros fundada no respectivo Produto Nacional Bruto, conhecida por "recurso próprio complementar", ou "quarto recurso".

Mais tarde, esta matéria foi regulada pela Decisão n.º 94/728/CE do Conselho e Regulamento CE n.º 1150/2000 do Conselho.

Tal como os restantes recursos próprios das Comunidades, a sua proveniência assenta em última análise no **esforço dos contribuintes** dos Estados-membros.

Com os sucessivos alargamentos da CE, passou a ser mais marcada a diferença entre os Estados-membros que pagavam mais do que recebiam do orçamento e os que recebiam mais do que contribuíam.

Esta é talvez a chave principal para se compreender a preocupação cada vez mais presente no seio das instituições comunitárias da **protecção dos interesses financeiros das Comunidades**.

Preocupação sobretudo da Comissão, responsável pela execução orçamental sujeita a pressões do Parlamento, do Conselho e do Tribunal de Contas no sentido de empreender acções de prevenção e combate das fraudes e irregularidades financeiras, **duma forma integrada**[5], com inspecções nos Estados-membros.

Os Estados-membros, eram responsáveis por cerca de 80% de todas as despesas do orçamento comunitário, designadamente no âmbito da política agrícola e dos fundos estruturais (subvenções).

---

[5] Desde 1970 tinham sido criadas em várias Direcções-Gerais unidades de inspecção para combate à fraude financeira, de acordo com regulamentos de controlo sectorial. Estas unidades tinham poder de supervisão no Estado-membro (inspecções externas) e actuavam em cooperação com as respectivas autoridades de investigação.

II. OS ESTADOS-MEMBROS E A COMISSÃO NA LUTA ANTI-FRAUDE. O TRATADO DE MAASTRICHT

5. O relatório da Comissão, de 20 de Novembro de 1987, sobre a intensificação da luta contra as fraudes em detrimento do orçamento comunitário é um marco fundamental nesta matéria.

Desse relatório extraem-se as seguintes linhas de força:

As intervenções da Comissão no domínio da luta anti-fraude deveriam incidir em vários domínios e repartir-se pelo conjunto dos seus serviços. A coordenação das suas actividades em matéria de luta contra a fraude, deveria ser reforçada através de duas vias complementares cuja efectivação deve ser simultânea:

– A criação de **uma unidade de coordenação**, com a responsabilidade de designadamente, conceber, desenvolver e gerir as infra-estruturas comuns, em especial informáticas e representar a Comissão no domínio das fraudes junto dos Estados-membros e das Instituições Comunitárias.

– A generalização de **células anti-fraude** no seio de todos os serviços em causa.

Esta unidade de coordenação deveria ser colocada **sob responsabilidade directa do Presidente, junto do Secretariado Geral**.

A Comissão deveria criar, em **todas as Direcções-Gerais em causa, uma célula claramente designada como responsável pela luta anti-fraude** e que assegure a função de correspondente da unidade de coordenação.

Em Julho de 1988 a Comissão põe em funcionamento esta Unidade de Coordenação da Luta Anti-fraude (UCLAF).

Em 13 de Abril de 1989, o Parlamento Europeu vota uma resolução sobre a prevenção e a repressão na Europa da fraude em detrimento do orçamento comunitário, na qual além do mais, censura o Conselho por **não ter investido a Comissão das competências suficientes para controlar nos Estados-membros** a regularidade da gestão nacional das receitas e despesas comunitárias.

6. O crescendo das preocupações das instituições comunitárias sobretudo do Parlamento, com a protecção dos interesses financeiros culminou com o Tratado da União Europeia (**Maastricht, 1992**).

Foi aprovado o aditamento do art. 209.°-A que dispõe:

"Os Estados-membros tomarão, para combater as fraudes lesivas dos interesses financeiros da Comunidade, medidas análogas às que tomaram para combater as fraudes lesivas dos seus próprios interesses financeiros.

Sem prejuízo de outras disposições do presente Tratado, os Estados-membros coordenarão as respectivas acções no sentido de defender interesses financeiros da Comunidade contra a fraude. Para o efeito, organizarão, com a ajuda da Comissão, uma colaboração estreita e regular entre os serviços competentes das respectivas administrações".

Desta norma decorrem dois princípios fundamentais.

O **princípio da analogia** entre as medidas adoptadas por cada Estado-membro para combate das fraudes lesivas dos seus próprios interesses financeiros e as que devem adoptar para o combate a iguais fraudes dos interesses financeiros da Comunidade.

E o **princípio da colaboração** dos Estados-membros entre si para tal combate "com a ajuda da Comissão".

O legislador quis incidir prioritariamente sobre as administrações dos Estados-membros o principal esforço do combate, restando à Comissão um papel suplementar de ajuda.

Isto porque os interesses financeiros da Comunidade são antes de tudo os interesses orçamentais dos próprios Estados-membros, isto é, dos seus próprios contribuintes.

Prevaleceu o **princípio da subsidiariedade**, podendo considerar-se esta matéria integrada também no chamado **terceiro pilar** (cooperação no domínio da justiça e dos assuntos internos).

7. Foram muito importantes as **consequências práticas e legislativas** desta alteração dos Tratados.

Em 1995 integraram-se na UCLAF as unidades anti-fraude pertencentes à D.G. VI (agricultura) e à D.G. XXI (alfândegas) passando aquela organização a dispor de 150 membros e de uma estratégia para combater a fraude ao orçamento comunitário.

Estratégia que assentava não no reforço da autonomia e autoridade da UCLAF, como recomendava o Parlamento, mas no seu papel de **coordenação da luta anti-fraude em associação com as Direcções-Gerais competentes**, constituindo "equipas inter-serviços ad hoc"[6].

A UCLAF passou a desempenhar a importante **função de apoio à Comissão**, não só ao processo legislativo da luta anti-fraude, como também na execução da respectiva política de supervisão e assistência aos Estados-membros, designadamente em matéria de recolha e troca de informações[7].

No plano normativo, ao Tratado de Maastricht sobreveio a Convenção de 26/7/1995, (JO, C – 316, de 27.11.95), o Regulamento (CE e EURATOM) n.º 2988/95 do Conselho (JO, L – 312, de 23.12.1995), que definia e sancionava o **conceito de irregularidade financeira**, e o Regulamento n.º 2185/96 (CE e EURATOM) do Conselho (JO, L – 292, de 15.11.1996), sobre os **controlos e verificações no local**, poderes da Comissão e valor probatório dos relatórios de inquérito.

Para além dos protocolos adicionais à Convenção sobre a **corrupção dos funcionários e agentes comunitários** (JO, C – 313, de 23.10.96) e a incriminação do **branqueamento de capitais**, lesivos dos interesses financeiros da Comunidade (JO, C – 221, de 19.7.97), passando pelo protocolo relativo à interpretação, a título prejudicial, da Convenção pelo Tribunal de Justiça (JO, C – 151, de 20.5.97).

---

[6] Comunicação da Comissão de 4/11/92, subscrita pelo Presidente Delors.

[7] A UCLAF constituiu uma base de dados sobre fraudes e irregularidades, designada IRENE. Em Outubro de 1997 esta base incluía informação sobre 25.615 casos, mais de metade dos quais no âmbito do FEOGA-Garantia. Para além desta, foi constituída também uma outra, definida PRE-IRENE, restrita aos casos investigados pela UCLAF, como instrumento de gestão interna, cfr. Anexo III do Relatório Especial n.º 8/98, do Tribunal de Contas, JO, C – 230, de 1.6.99.

III. INSTRUMENTOS DO 3.º PILAR NA LUTA ANTI-FRAUDE E CORRUPÇÃO

8. Sob o ponto de vista doutrinal, mais de que sob o ponto de vista da eficácia dada a morosidade da sua efectiva entrada em vigor[8], **a Convenção é o texto fundamental de protecção dos interesses financeiros (PIF) da Comunidade** no âmbito do terceiro pilar.

Antes de mais por ter tipificado as fraudes financeiras cuja criminalização determinou.

Dispõe o seu art. 1.º que:

> *1. Para efeitos da presente convenção, constitui **fraude lesiva dos interesses financeiros** das Comunidades Europeias:*
> *– **Em matéria de despesas**, qualquer acto ou omissão **intencionais** relativos:*
>> *– à utilização ou apresentação de declarações ou de documentos falsos, inexactos ou incompletos, que tenha por efeito o recebimento ou a retenção indevidos de fundos provenientes do Orçamento Geral das Comunidades Europeias ou dos orçamentos geridos pelas Comunidades Europeias ou por sua conta;*
>> *– à não comunicação de uma informação em violação de uma obrigação específica, que produza o mesmo efeito;*
>> *– ao desvio desses fundos para fins diferentes daqueles para que foram inicialmente concedidos.*

---

[8] A Convenção só entraria em vigor com a notificação ao Secretário-Geral do Conselho, da sua adopção pelo último Estado-membro **o que aconteceu em 17 de Outubro de 2002**, juntamente com o primeiro protocolo e o protocolo relativo à sua interpretação pelo Tribunal de Justiça. O segundo protocolo relativo ao branqueamento e capitais é que ainda não foi ratificado por diversos Estados-membros (cfr. Boletim da UE 10-2002).

– **Em matéria de receitas**, *qualquer acto ou omissão* **intencionais** *relativos:*
– *à não comunicação de uma informação em violação de uma obrigação específica, que produza o mesmo efeito;*
– *ao desvio de um benefício legalmente obtido, que produza o mesmo efeito*[9].

Cada Estado-membro deveria contemplar a cumplicidade, instigação ou tentativa das respectivas infracções penais e a sua punição com "sanções penais efectivas" que, nos casos de fraude grave, deviam consistir em "penas privativas de liberdade".

Continuando numa segunda fase, a tipificação criminal das acções ou omissões que lesem ou sejam susceptíveis de lesar os interesses financeiros das Comunidades, o Conselho em 27/9/1996 aprovou o **primeiro protocolo** consagrado à luta contra os actos **de corrupção** em que estejam implicados funcionários tanto nacionais como comunitários. Foram previstas também nos casos mais graves penas privativas de liberdade.

Fechando o círculo em 19/6/1997, o Conselho aprovou um **segundo protocolo** da Convenção.

Além do mais, dispunha que cada Estado-membro devia tomar as medidas necessárias para que o **branqueamento de capitais** relacionados com os produtos da fraude e com a corrupção activa ou passiva de funcionários constituísse infracção penal. Todavia, infracção penal não necessariamente punível com pena privativa de liberdade (art. 12.º, n.º 1).

9. **A Convenção** estabelecida com base no art. k.3 do Tratado de Maastricht (terceiro pilar) suscita desde logo as seguintes observações.

A primeira é a de que se fica pela responsabilidade penal dos **dirigentes das empresas** pelas fraudes financeiras, de acordo com os princí-

---

[9] Curiosamente esta fórmula é o desenvolvimento detalhado da fórmula adoptada nos protocolos anexos dos projectos de Tratados da Comissão sobre esta matéria de 1976, que não lograram aprovação pelo Conselho.

Nestes projectos já se previa a criminalização pelos Estados-membros dos "actos ou omissão que têm por objecto ou consequência a diminuição ilícita das receitas que constituem os recursos próprios das Comunidades e o recebimento ilícito de subvenções, restrições, ajudas financeiras públicas ou doutras origens, financiadas mesmo indirectamente pelo Orçamento das Comunidades". Tais projectos estão publicados no JOCE, C – 222, de 22.9.76.

pios definidos no direito interno de cada Estado-membro, sem consagrar expressamente o princípio da responsabilidade penal das respectivas pessoas colectivas (art. 3.°).

Depois põe o acento tónico na competência e **cooperação entre os Estados-membros** no inquérito nos processos judiciais e na execução das sanções relativas às fraudes financeiras (arts. 4.° e 5.°) sem abordar o papel da Comissão.

Além disso atribui ao Conselho a competência para a definição do **regime de troca de informações** nesta matéria dos Estados-membros, entre si, e entre eles e a Comissão (art. 10.°, n.° 2).

Finalmente a **intervenção do Tribunal de Justiça** na resolução de qualquer diferendo entre Estados-membros relativa à interpretação ou aplicação da Convenção, só é possível se no prazo de 6 meses o Conselho não lhe der solução (art. 8.°, n.° 1).

Os **protocolos adicionais** à Convenção vieram clarificar tais questões.

A consagração do **princípio da responsabilidade penal das pessoas colectivas** surge com o segundo protocolo da Convenção não só para o branqueamento de capitais como para a fraude financeira e corrupção (art. 3.°).

O mesmo protocolo veio ainda estabelecer o regime de **cooperação** nesta matéria **entre a Comissão e os Estados-membros**, designadamente através da assistência técnica e operacional de que as autoridades nacionais competentes possam necessitar para facilitar a coordenação das respectivas investigações ou da troca de informações (art. 7.°).

Quanto à intervenção do **Tribunal de Justiça**, o protocolo aprovado pelo Conselho em 29/11/1996 prevê que os Estados-membros possam aceitar a sua competência para **decidir a título prejudicial** questões sobre a interpretação da Convenção e do seu primeiro protocolo (corrupção).

O **quadro jurídico da protecção penal** dos interesses financeiros das Comunidades ficou assim completo, ficando a sua implementação dependente da ultimação do complexo processo da sua entrada em vigor em todos os Estados-membros.

10. Era no quadro de cada política comum que se situava **o sistema de controlo e de sanções comunitárias para as irregularidades financeiras**.

Para dar eficácia à luta contra a fraude lesiva dos interessados financeiros das Comunidades havia que criar um **quadro jurídico comum** a todas as políticas comunitárias, enquanto não entrava em vigor a Convenção PIF.

Quadro comum que definisse o conceito de irregularidade sancionável e respectivas sanções, as regras de procedimento para a sua aplicação, os prazos da prescrição, a observância do princípio "ne bis in idem" e a responsabilidade das pessoas colectivas.

Nem o art. 209.º-A do Tratado de Maastricht nem qualquer outra norma dos tratados habilitavam a adopção de tais disposições materiais e horizontais que assegurem de imediato a protecção dos interesses financeiros das comunidades.

Para tal efeito, invocando o art. 235.º do Tratado da CE[10] e o art. 203.º do Tratado CEEA, o Conselho adoptou o **Regulamento n.º 2988/95, de 18 de Dezembro**, para dar resposta à necessidade daquele quadro normativo comum.

Não forneceu um conceito de fraude lesiva dos interesses financeiros das Comunidades, mas tão só de irregularidade, quer no âmbito das despesas quer das receitas.

*Segundo o art. 1.º, n.º 2 "constitui **irregularidade** qualquer violação de uma disposição de direito comunitário que resulte de um acto ou omissão de um agente económico que tenha ou possa ter por **efeito lesar o orçamento geral das Comunidades** ou orçamentos geridos pelas Comunidades, quer pela **diminuição ou supressão de receitas** provenientes de recursos próprios cobradas directamente por conta das Comunidades, quer por uma **despesa indevida*** ".

Estas irregularidades têm como consequência a aplicação de medidas e sanções administrativas aos seus autores, pessoas singulares ou colectivas, que vão desde o reembolso dos montantes indevidamente recebidos às multas ou privação de benefícios ou vantagens (arts. 4.º e 5.º).

Apesar de expressamente não contemplar fraudes, do considerando 6.º do Regulamento, extrai-se a conclusão que tais irregularidades "compreendem os comportamentos fraudulentos definidos na Convenção".

Daí que, observando o **princípio "non bis in idem"**, se tenha prevenido a suspensão das respectivas sanções pecuniárias "se pelos mesmos factos tiver sido movido procedimento penal contra a pessoa em questão" no Estado-membro em causa (art. 6.º).

Este Regulamento, aplicável a todos os sectores no âmbito do primeiro pilar (excepto sobre o IVA)[11], não prejudica a aplicação das normas

---

[10] Art. 308.º do Tratado da União Europeia.
[11] Cfr. n.º 12 do Anexo I do Relatório Especial n.º 8/98 do Tribunal de Contas Europeu.

de controlo de fraudes e irregularidades dos respectivos regulamentos sectoriais [art. 5.º, n.º 1, g), art. 6.º, n.º 1, art. 8.º, n.º 2 e art. 9.º, n.º 2].

E o caso do Regulamento n.º 1552/89 do Conselho [**direitos aduaneiros e direitos niveladores agrícolas**), do Regulamento n.º 1258/99 do Conselho (**FEOGA, Garantia**], do Regulamento n.º 4253/88 e do Regulamento n.º 1260/99, do Conselho (**Fundos Estruturais**) e do Regulamento n.º 1831/94 da Comissão (**Fundo de Coesão**).

11. O art. 10.º do Regulamento n.º 2988/95 previa a aprovação de disposições gerais suplementares em matéria de **controlos e verificações no local pela Comissão**, sem prejuízo dos controlos a efectuar pelos Estados-membros.

Essas disposições foram aprovadas pelo **Regulamento n.º 2185/96** do Conselho, de 11 de Novembro.

A preocupação do legislador em que tais inspecções ou verificações **não concorram** com as que sejam levadas a cabo pelos Estados-membros é manifesta no articulado de ambos os Regulamentos.

Neles é clara a intenção de respeitar os **princípios da subsidiariedade** da **proporcionalidade e da lealdade** nas relações entre as instituições comunitárias e os Estados-membros.

Isto porque, conforme se expressa no considerando 2.º do Regulamento n.º 2185/96, "a protecção dos interesses financeiros das Comunidades é, em primeiro lugar, da responsabilidade dos Estados-membros".

Daí que as **inspecções e verificações no local** a realizar sob a autoridade e responsabilidade **da Comissão só se justifiquem** nas condições enunciadas no art. 2.º, ou seja:

"– *quer para efeitos de detectar* **irregularidades graves**, *irregularidades* **transnacionais**, *ou irregularidades em que possam estar envolvidos operadores económicos que actuam em* **vários Estados-membros;**

– *quer a fim de detectar irregularidades* **quando se verifique num Estado-membro uma situação que torne necessário reforçar as inspecções e verificações no local, a fim de melhorar a eficácia** *da protecção dos interesses financeiros e, desse modo, assegurar um nível de protecção equivalente na Comunidade;*

– *quer a* **pedido do Estado-membro** *interessado*".

Tais inspecções deverão previamente garantir a não realização outras semelhantes "simultaneamente e pelos mesmos factos" junto dos operadores económicos em questão (art. 3.º), bem como, a "**estreita colaboração com as autoridades competentes do Estado-membro**" (art. 4.º).

Por último, e coerentemente, consagra-se o **princípio da equivalência entre os relatórios** elaborados pelos inspectores da Comissão e os dos inspectores administrativos nacionais, os quais poderão constituir "elementos de prova admissíveis nos processos administrativos ou judiciais do Estado-membro".

Para tanto, os inspectores da Comissão devem garantir que "sejam elaborados de acordo com as **exigências processuais previstas na lei nacional do Estado-membro envolvido**" (art. 8.º, n.º 3).

IV. O RELATÓRIO ESPECIAL N.º 8/98 DO TRIBUNAL DE CONTAS EUROPEU E A RESOLUÇÃO (BÖSCH) DO PARLAMENTO EUROPEU

12. Se havia um quadro regulamentar para a luta contra a fraude financeira nos Estados-membros com a participação da Comissão, o mesmo não sucedia para a **luta contra a corrupção no interior das instituições comunitárias**.

O segundo protocolo da Convenção, tal como esta, carecia de um longo processo de adopção pelos Estados-membros para entrar em vigor.

Ele previa a punição com penas de privativas de liberdade da corrupção passiva e activa lesiva dos interesses financeiros das Comunidades, praticada por funcionário comunitário ou nacional dos Estados-membros.

A inexistência de um quadro regulamentar para o combate à corrupção nas instituições Comunitárias, ou sequer de linhas directrizes no domínio dos respectivos inquéritos administrativos foi sublinhado pelo **relatório especial n.º 8/98 do Tribunal de Contas Europeu**[12], **sobre a UCLAF**.

No ponto 6.5 desse relatório afirma-se expressamente:

> "***Num organismo da dimensão da Comissão, era previsível que surgissem casos de corrupção***. *Todavia, não foi adoptado um procedimento uniforme para tratar destes casos. Apesar de alguns deles datarem de há vários anos, os **processos de investigação utilizados foram improvisados caso a caso**. Não existem linhas directrizes que definam de forma clara o procedimento a seguir nos inquéritos administrativos. Subsistem dúvidas quanto aos poderes dos agentes da UCLAF e do serviço de segurança em matéria de busca, apreensão*

---

[12] JO, C – 230, de 1.06.1999.

de bens e documentos, interrogação de funcionários e direitos e deveres das pessoas suspeitas. Além disso, e talvez o mais grave, **não é claro a partir de que momento as autoridades nacionais competentes para a acusação devem ser informadas** *e, portanto, quando se opera a passagem importante da esfera do inquérito administrativo para a da investigação judicial*"[13].

Talvez na sequência desta crítica, em Maio de 1998 a UCLAF foi transformada em "*task force*", vinculada ao Secretário-Geral. Uma decisão da Comissão (Julho de 1998), conferiu àquela "*task force*" poderes de investigação incidindo além do mais sobre casos de corrupção no seu interior, com a maior independência de acção em conformidade com o pedido expresso do Parlamento numa resolução de 31 de Março de 1998.

Em Outubro seguinte, o Parlamento Europeu aprovou a **Resolução Bösch**[14] sobre a independência e o papel da UCLAF, que deve ser vista como uma resposta às observações do Relatório Especial n.º 8/98 do Tribunal de Contas.

Esta Resolução do Parlamento projecta um OLAF, cujos contornos fazem já **antever o actual OLAF**, criado em 1999 para substituir a UCLAF[15].

Nela se afirma que "a política da Comissão em casos de corrupção ocorridos nas suas próprias fileiras continua a não ser clara nem consequente", sendo "**indispensável que a UCLAF seja habilitada a conduzir inquéritos passíveis de aplicação a todas as instituições europeias**", em conformidade com regras e procedimentos claramente definidos.

Considera-se expressamente "que a protecção dos interesses financeiros da União exige o desenvolvimento do **espaço penal europeu e a criação de um Ministério Público Europeu**".

Convida a Comissão a apresentar uma proposta de decisão comum do Parlamento Europeu, do Conselho, do Tribunal de Justiça Europeu e

---

[13] O próprio Tribunal de Contas Europeu nos seus Relatórios Especiais n.º 1/96 – programas ajudas na região mediterrânea MED –, e 3/96 – contratos no serviço de turismo da Comissão – assinala casos de corrupção.

[14] Resolução A4-0297/98, JO, C – 328, de 26.10.1998.

[15] Decisão da Comissão de 28 de Abril de 1999 (JO, L – 136/20, de 31.05.1999) e Regulamento n.º 1073/1999 do Parlamento Europeu e do Conselho de 25/5/99 (JO, L – 136, de 31.05.1999).

do Tribunal de Contas Europeu, relativa à criação de um Gabinete de Luta Anti-fraude (OLAF).

A este Gabinete, além do mais, seria atribuída "competência em matéria de **luta contra a corrupção e as fraudes internas em todas as instituições da União Europeia** que tenham aderido a essa decisão".

É ainda clara a preocupação do Parlamento com a regulamentação da "questão da **cooperação das instituições da União com as autoridades judiciais nacionais**".

Para tanto preconiza, além do mais, a criação no interior do OLAF duma unidade de especialistas delegados pelos procuradores nacionais" que preparam os processos e transmitiu" às autoridades, judiciárias nacionais.

13. A Resolução Bösch do Parlamento não é menos crítica relativamente à actividade a UCLAF em matéria de combate à fraude financeira, reflectindo, alarmada, as observações e recomendações do **Relatório Especial n.º 8/98 do Tribunal de Contas**.

Observações que se situam quer ao nível do quadro normativo quer ao nível da organização e resultados da actividade da UCLAF.

No que concerne ao **quadro normativo** o relatório é claro em reconhecer que enquanto a Convenção e os protocolos no âmbito do terceiro pilar não forem ratificados, os poderes da Comissão, e por conseguinte da UCLAF, na luta contra a fraude financeira são limitados.

Além disso, as disposições em matéria de relacionamento com os Estados-membros são complexas e de aplicação difícil.

A **cooperação entre os Estados-membros e a Comissão/UCLAF** "é afectada pela maneira como as disposições relativas aos privilégios e imunidades concedidos ao pessoal da União Europeia são aplicados.

Além disso, nas inspecções que efectuou no território dos Estados-membros, a UCLAF teve de fazer face a importantes dificuldades relacionadas com a legislação nacional", isto é, face a uma enorme variedade de procedimentos e sistemas nos quinze Estados-membros, com diversos organismos de investigação em cada um deles.

Não foram menos significativas as **insuficiências de organização e resultados** da UCLAF.

Apesar do Regulamento n.º 2185/96 obrigar os inspectores da UCLAF "a **respeitar as regras processuais previstas pela legislação do Estado-membro em que actuam**", a verdade é que a auditoria do

Tribunal de Contas Europeu constatou falta de informação completa a este respeito.

O que explica o facto da UCLAF só ter realizado nessa altura cinco missões no âmbito desse regulamento.

Acresce a **falta de qualidade da informação contida nas bases de dados** (pré-Irene e Irene), bem como a falta de coordenação entre a UCLAF e as outras Direcções-gerais dos Estados-membros no acesso e partilha dessa informação.

Os serviços nacionais de inquérito não tinham acesso a tais bases de dados, com risco manifesto de duplicação dos inquéritos da UCLAF e dos Estados-membros sobre o mesmo caso.

Daí que a Resolução Bösch considere que "**os resultados** obtidos até ao momento pela UCLAF na luta contra a fraude continuam **aquém das suas próprias expectativas e dos objectivos fixados pela Comissão**", constatando a "insuficiência em termos quantitativos e qualitativos, dos efectivos" daquele organismo (130 agentes, dos quais apenas 30 podem ser incumbidos de inquéritos).

Para além do mais exorta a Comissão a **prever no organigrama do OLAF, (organismo a criar), 300 lugares**, a serem preenchidos prioritariamente por "investigadores qualificados e especialistas em processos penais dos serviços respectivos dos Estados-membros".

V. A CORRUPÇÃO E A UCLAF

14. Em Março de 1998, devido além do mais ao **processo da política anti-fraude da Comissão**, o Parlamento levantou sérios obstáculos à quitação pela execução do orçamento de 1996.

Em causa estavam sobretudo as graves irregularidades detectadas pelo Tribunal de Contas nos **programas MED** destinados a implementar projectos comuns aos países de ambos os lados do Mediterrâneo.

A Comissão foi criticada por não ter instaurado processos disciplinares contra os funcionários responsáveis, nem ter participado às autoridades judiciárias da Bélgica, França e Itália eventuais factos criminais[16].

Daí que tivesse posto, como uma das **condições para conceder quitação ao exercício de 1996**, a tomada de medidas para suprimir "a ausência de responsabilização democrática na luta contra a fraude no interior das instituições europeias".

Iniciou-se assim, um período de grande perturbação política resultante da tensão entre o Parlamento e a Comissão no que respeita à política do combate à fraude financeira e à corrupção.

A Resolução Bösch do Parlamento, de 26/10/1998 é expressão significativa dessa tensão política que irá intensificar-se no 1.º semestre de 1999.

Na sessão de 14 de Janeiro de 1999, o **Parlamento** aprova uma resolução em que, além do mais:

– Solicita a constituição de uma **comissão de peritos independentes**, sob a égide do Parlamento e da Comissão, encarregada de examinar o **modo como a fraude, a má gestão e o nepotismo são detectados e tratados pela Comissão**;

---

[16] Relatório da Comissão de Controlo Orçamental, A4-0097/98, de 18 de Março de 1998.

– Insta a Comissão a implementar, com brevidade, "a proposta do Presidente do Conselho Europeu de constituição de um **grupo de alto nível** de representantes do Parlamento Europeu, do Conselho e da Comissão para analisar e aprovar as propostas de **estabelecimento urgente de uma nova agência anti-fraude, que deverá funcionar independentemente de controlo político da Comissão**".

– Exorta a Conferência Intergovernamental a ponderar a criação de um **Procurador Europeu** para os delitos lesivos dos interesses financeiros da União.

15. **O Comité de Peritos Independentes**, também conhecido por "Comité dos Sábios"[17], apresentou o seu **primeiro relatório** em 15 de Março de 1999[18].

Nesse relatório foram examinados seis dossiers específicos (Turismo, Programas MED, ECHO, Leonardo da Vinci, Serviço de Segurança e Segurança Nuclear).

O Comité concluiu pela **responsabilidade da Comissão e (ou) de alguns comissários** por atrasos na decisão final do dossiers (no caso Turismo, a resposta positiva ao pedido de levantamento de imunidade de três funcionários superiores atrasou-se mais de dois anos) ou por omissão de controlo adequado na execução de programas de alto risco (caso MED) ou consentimento na contratação de pessoal contrária aos regulamentos (caso ECHO).

Sublinhou ainda a **ambiguidade da situação da UCLAF dentro da Comissão**, no atraso dos seus processos, na escassez de processos disciplinares nomeadamente em relação a funcionários de grau elevado.

As conclusões deste relatório estiveram na base da **demissão da Comissão** presidida por Jacques Santer.

Por seu turno, do intenso trabalho do Grupo de Alto Nível[19] resultou a criação do **Organismo Europeu de Luta Anti-fraude (OLAF)** pela

---

[17] Este Comité era composto pelo Presidente, A. MIDDELHOEK (Presidente do Tribunal de Contas Europeu), I-B. AHLENIUS (Auditora Geral da Suécia), J.A. CARRILLO SALCEDO (Membro do Tribunal Europeu de Direitos Humanos), P. LELONG (Presidente do Tribunal de Contas francês) e W.VAN GERVEN (Professor de Direito e ex-Advogado no Tribunal de Justiça Europeu).

[18] Disponível na página da *Internet* do Parlamento Europeu.

[19] Este Grupo, também conhecido por Grupo Schöder era composto pelo Presidente procedente do Conselho (Schöder) pela Presidente da Comissão de Controlo Orçamental

Decisão da Comissão de 28 de Abril de 1999, que substitui as *task force* Coordenação Luta Anti-fraude, retomando todas as suas atribuições. Seguiu-se-lhe a aprovação do **Regulamento n.º 1073/1999** do Parlamento Europeu e do Conselho, de 25 de Maio de 1999.

Este Regulamento do Parlamento e do Conselho **invoca o art. 280.º do Tratado** que institui a Comunidade Europeia (Amesterdão), que veio dispor inovadoramente, além do mais, que o Conselho, por maioria qualificada, após proposta da Comissão, em co-decisão com o Parlamento, e após consulta ao Tribunal de Contas "adoptará as medidas necessárias nos domínios da prevenção e combate das fraudes lesivas dos interesses financeiros da Comunidade, tendo em vista proporcionar uma protecção efectiva e equivalente nos Estados-membros".

Estamos, pois, perante normas directamente aplicáveis nos Estados--Membros, **no âmbito do 1.º pilar**, que dão à Comissão/OLAF competências para actuar nos respectivos territórios.

---

do Parlamento Europeu (Theato) e pelos Comissários Van Miert, Monti e Gradin procedentes da Comissão Europeia.

Sobre o contexto da criação da OLAF, ver J.A.E. Vernáele, "European Journal of Crime, Criminal Law and Criminal Justice", 3/1999, pág. 331.

VI. OLAF E A NOVA ESTRATÉGIA ANTI-FRAUDE E CORRUPÇÃO

16. Este quadro normativo do novo OLAF apresenta profundas **inovações organizativas e de competência**, algumas das quais estavam previstas já na Resolução Bösch do Parlamento de Outubro de 1998.

O OLAF é colocado sob a direcção de um **Director designado pela Comissão**, após concertação com o **Parlamento Europeu** e com o **Conselho**, por um período de cinco anos renovável.

Essa designação recai sobre **uma lista de candidatos** com as qualificações necessárias na sequência de um convite à apresentação de candidaturas publicada no Jornal Oficial.

O Director tem **competência para proceder às nomeações e contratos de admissão de pessoal** da organização, nos termos da legislação aplicável aos funcionários e outros agentes das Comunidades.

Os lugares que lhes são afectos são enumerados num anexo ao quadro de pessoal da Comissão.

As dotações do OLAF são consignadas numa **rubrica orçamental específica** da parte A do orçamento da União, em anexo próprio, na sequência de um anteprojecto de orçamento elaborado para o efeito.

O Director é o ordenador para a execução desta rubrica orçamental e das rubricas específicas da luta anti-fraude constantes da parte B do respectivo orçamento.

As decisões da Comissão relativas à organização interna do OLAF são-lhe aplicáveis apenas na medida em que sejam compatíveis com o seu quadro regulamentar.

17. No que respeita ao âmbito da **competência**, as inovações não são menos significativas, sobretudo na função de inquérito.

O OLAF passou a exercer as competências da Comissão previstas nos Regulamentos do Conselho n.os 2988/95 e 2185/96 em matéria de

inquéritos administrativos externos no local dos Estados-membros ou até de países terceiros na luta contra a fraude e a corrupção. Prestará o apoio da Comissão aos Estados-membros sendo **interlocutor directo das respectivas autoridades policiais e judiciais**[20].

Para além disso desempenha actividades de concepção e desenvolvimento dos métodos da luta contra a fraude, preparando as iniciativas legislativas e regulamentares da Comissão.

Mas é em matéria de **inquéritos internos** que o legislador mais avançou, face à crise instalada entre o Parlamento e a Comissão.

Com efeito, o art. 1.°, n.° 3 do Regulamento n.° 1073/1999 é expressivo ao dispor que:

> *"A organização efectuará, **no seio das instituições**, órgãos e organismos criados pelos Tratados ou com base nos mesmos (seguidamente designados «instituições, órgãos e organismos»), **inquéritos administrativos destinados:***
> – ***a lutar contra a fraude, a corrupção** e qualquer outra actividade ilegal lesiva dos interesses financeiros da Comunidade Europeia;*
> – *a investigar para o efeito os factos graves, ligados ao exercício de actividades profissionais, que possam constituir **incumprimento das obrigações dos funcionários e agentes das Comunidades**, susceptível de processos disciplinares e eventualmente penais, ou incumprimento de obrigações análogas aplicáveis aos **membros das instituições e órgãos, aos dirigentes** dos organismos, bem como aos membros do pessoal das instituições, órgãos e organismos não submetidos ao estatuto".*

18. Impõe-se realçar, **em matéria de inquéritos externos e internos**, as principais linhas de força.

A primeira, é o OLAF exercer essa competência "**com total independência**", não podendo o Director solicitar ou aceitar instruções da Comissão, de qualquer Governo ou de qualquer outra instituição, órgão ou organismo (art. 3.° da Decisão).

---

[20] Art. 3.° do Regulamento do Conselho n.° 1073/1999.

Se o Director entender que uma medida adoptada pela Comissão coloca em causa a sua independência pode interpor recurso para o Tribunal de Justiça contra a sua instituição.

A segunda, é a de que essa competência é exercida sob o "controlo regular" de um **Comité de Fiscalização**, no sentido de **reforçar a independência da organização** sem contudo poder interferir no desenrolar dos inquéritos[21].

Comité de Fiscalização que é composto por "cinco personalidades externas independentes" nomeadas de comum acordo pelo Parlamento Europeu, pelo Conselho e pela Comissão, com mandato de três anos renovável uma vez.

A terceira, é a de que **cabe ao Director a responsabilidade pela execução dos inquéritos** desde a decisão de abertura até à elaboração do correspondente relatório final e fazer as pertinentes recomendações sobre o seguimento a dar a tal relatório[22].

Acresce que este regime normativo preocupou-se em manter o respeito pelos **princípios da subsidiariedade e da proporcionalidade**.

Com efeito, continua claro que os inquéritos "**não afectam a competência dos Estados-membros em matéria de processo penal**"[23].

Nem diminuem as competências e responsabilidades dos Estados-membros para tomar as medidas de luta contra a fraude lesiva dos interesses financeiros das Comunidades, já que **os inquéritos externos do OLAF só se justificam nos casos tipificados no art. 2.º do Regulamento n.º 2185/96 do Conselho** (cfr. *supra* n.º 11).

Por outro lado e em coerência, os respectivos "relatórios serão elaborados tendo em conta os **requisitos processuais exigidos pela legisla-

---

[21] Art. 11.º, n.os 1 e 2 do Regulamento do Conselho n.º 1073/1999.

– Nos termos dos n.os 7 e 8 desta norma, o Comité de Fiscalização deverá ser informado pelo Director do programa anual das actividades do OLAF, dos inquéritos efectuados e dos seus resultados, das razões porque um inquérito não foi concluído em 9 meses e do prazo possível para tal conclusão, dos casos em que a instituição comunitária não deu seguimento às suas recomendações e daqueles que requeiram transmissão de informações às autoridades judiciárias dum Estado-membro.

O Comité elaborará um relatório anual da sua actividade e poderá apresentar às instituições comunitárias relatórios sobre os resultados e seguimento dos inquéritos.

[22] Cfr. art. 5.º, n.º 1, *in fine*, da Decisão da Comissão; e arts. 5.º, 6.º, n.º 1, 9.º, n.º 1 e 12.º, n.º 3 do Regulamento do Conselho n.º 1073/1999.

[23] Art. 2.º do Regulamento do Conselho n.º 1073/1999.

ção nacional do Estado-membro em causa", constituindo "elementos de prova admissíveis nos processos administrativos ou judiciais respectivos[24].

Finalmente, apesar de vários mecanismos tendentes a evitar a duplicação de procedimentos (do OLAF e do Estado-membro) sobre os mesmos factos, a organização tem apenas a **faculdade de "transmitir a qualquer momento** às autoridades competentes dos Estados-membros em causa informações obtidas **durante os inquéritos externos**"[25].

Já quanto aos **inquéritos internos**, impõe-se ao Director a **obrigação de transmitir às autoridades judiciais** dos Estados-Membros as informações "sobre factos susceptíveis de processo penal".

É o que resulta da comparação dos n.os 1 e 2 do art. 10.° do Regulamento n.° 1073/1999.

Destes dois normativos parece poder tirar-se as seguintes ilações:

– Nos **inquéritos externos** o Director do OLAF **pode aguardar pelo relatório final** para transmitir às autoridades judiciais dos Estados-Membros "factos susceptíveis de processo penal" ou qualquer outro tipo de informações constantes das respectivas recomendações (cfr. n.° 1 do art. 9.°).

– Nos **inquéritos internos**, porque há a **obrigação** de na sua pendência transmitir aqueles factos com relevância penal, **deverá suspender-se quaisquer diligências sobre esses factos** por parte do OLAF.

Isto para dar às autoridades judiciais a possibilidade de realizar o procedimento criminal em tempo útil no exercício da sua competência exclusiva.

O manual de procedimentos do OLAF estabelece como critérios para esta transmissão de informações, **a existência de sérias suspeitas de violação de direito penal, o perigo de destruição de prova ou de fuga do suspeito**.

A razão de ser da diferença destes regimes conforme a natureza dos inquéritos não é clara.

---

[24] Art. 9.°, n.os 2 e 4 do Regulamento do Conselho n.° 1073/1999. Esta disposição reafirma o regime do valor jurídico destes relatórios contido no art. 8.°, n.° 3 do Regulamento (EURATOM, CE) n.° 2185/96.

[25] Cfr. art. 3.° do Regulamento n.° 2185/96 e art. 6.° do Regulamento n.° 2988/1999.

Deve ter pesado na intenção do legislador as circunstâncias políticas que levam à criação dos **inquéritos internos** e o facto deles se dirigirem a funcionários, agentes, membros e dirigentes de instituições ou organismos comunitários.

Na verdade **nos inquéritos externos** também se visam "factos susceptíveis de processo penal" e **não se impôs idêntica obrigação de transmissão**.

Como quer que seja, **é manifesto** o propósito do legislador de atribuir aos inquéritos externos e internos do OLAF, não obstante se desenvolverem num enquadramento administrativo, **uma dimensão penal**.

O que está na base das dificuldades de funcionamento eficaz deste organismo como a seguir se observará.

Aliás já a propósito da UCLAF, o relatório do "Comité dos Sábios aludia a tais dificuldades nos seguintes termos: "Como é que a execução de **inquéritos quasi – penais**, a necessidade dum certo controlo judiciário, a necessidade de perseguição penal mais eficaz nos casos de fraude dos interesses financeiros da União, podem ser conciliados com o princípio da competência penal dos sistemas jurídicos e judiciários nacionais"?

Esta perplexidade é a génese da corrente que postula a **criação do Procurador Europeu** para as infracções contra os interesses financeiros da União, para, além do mais, supervisar os inquéritos do OLAF.

VII. OS INQUÉRITOS INTERNOS

19. Como deixamos sublinhado, a maior alteração introduzida por este quadro normativo refere-se aos **inquéritos internos e suas eventuais consequências disciplinares e penais**.

Aliás, compreensível, não só pela insatisfação permanente do Parlamento nesta matéria e sucessivas recomendações, como também pelas críticas à Comissão feitas no primeiro relatório do Comité de Peritos Independentes.

A este respeito, o Relatório Especial n.º 8/98, do Tribunal de Contas no seu n.º 6, era já muito claro ao equacionar a necessidade de confiar à então UCLAF a responsabilidade de tratar os casos de corrupção que envolvam funcionários da Comissão bem como de outras instituições comunitárias.

Os inquéritos internos serão **realizados pelo OLAF no interior das instituições**, órgãos e organismos comunitários sobre **factos graves** que possam constituir **incumprimento das obrigações dos funcionários e agentes** das Comunidades, susceptível de processos disciplinares e eventualmente penais.

Pode mesmo abranger um **membro ou dirigente** das instituições, órgãos ou organismo das Comunidades.

Os inquéritos internos devem observar as normas dos Tratados, designadamente o protocolo relativo a privilégios e imunidades bem como do **estatuto dos funcionários e agentes das Comunidades**.

Estatuto que, entretanto, deverá ser modificado "a fim de prever os direitos e obrigações dos funcionários e outros agentes em matéria de inquéritos internos"[26].

---

[26] Considerando n.º 10 e art. 14.º do Regulamento n.º 1073/1999.

Para tanto, o OLAF foi dotado de importantes **poderes de investigação** e **de deveres para com as pessoas sujeitas a inquérito interno**.

– *"A organização terá **acesso, sem pré-aviso e sem demora, a qualquer informação na posse das instituições, órgãos e organismos, bem como às suas instalações**. A organização poderá controlar a contabilidade das instituições, órgãos e organismos. A organização poderá obter cópias e extractos de qualquer documento ou do conteúdo de qualquer suporte de informação na posse das instituições, órgãos e organismos e, caso necessário, poderá colocar à sua guarda esses documentos ou informações para evitar qualquer risco de desaparição.*

– *A organização poderá **solicitar informações orais aos membros** das instituições e órgãos, aos **dirigentes** dos organismos, bem como aos membros do **pessoal** das instituições, órgãos e organismos"*[27].

Os deveres prendem-se com a observância do **princípio do contraditório** para com as pessoas implicadas nos factos ilícitos, que têm direito a ser informados atempadamente dos factos que lhe dizem respeito e expressar-se sobre eles[28].

20. A atribuição de competência ao OLAF para realizar **inquéritos internos no interior das instituições, órgãos e organismos** foi uma medida política de grande alcance tomada pelo legislador.

Por isso se rodeou das maiores cautelas, exigindo a concertação interinstitucional sobre as normas a observar na realização desses inquéritos.

Na verdade o legislador preocupou-se em que esses inquéritos internos, além do mais, respeitassem "**as decisões adoptadas por cada instituição, órgão e organismo**".

Decisões cujo conteúdo devia ser objecto de **concertação entre as instituições** e deveriam incluir normas relativas:

"a) A obrigação dos membros, funcionários e agentes das instituições e órgãos, bem como dos dirigentes, funcionários e agentes

---

[27] Cf. art. 4.º, n.º 2 do Regulamento n.º 1073/1999.
[28] Considerando n.º 10 e art. 4.º n.ºs 5 e 6 *b)* do Regulamento n.º 1073/1999.

dos organismos, de cooperar com os agentes da organização e prestar-lhes informações;

b) Aos processos a observar pelos agentes da organização na execução dos inquéritos internos, bem como às garantias dos direitos das pessoas sujeitas a inquérito interno"[29].

Assim o Parlamento Europeu, o Conselho e a Comissão, aprovaram o **Acordo Interinstitucional de 25 de Maio de 1999**, criando um regime comum para a realização de inquéritos internos pelo OLAF, adoptando uma decisão interna de acordo com o modelo anexo ao acordo[30].

São dois os princípios fundamentais desse Acordo e modelo de decisão interna.

Todos os dirigentes funcionários e equiparados de cada instituição têm a **obrigação de cooperar** plenamente com os agentes do OLAF, o qual inclui a **obrigação de informar imediatamente os seus superiores** de "elementos de facto que levem à **suspeita de eventuais casos de fraude de corrupção ou qualquer outra actividade ilegal** lesiva dos interesses das Comunidades".

Por seu turno o dirigente, funcionário ou equiparado quando haja possibilidade de implicação pessoal no inquérito interno tem o **direito de ser o mais rapidamente possível informado**, ou em qualquer caso "a possibilidade de se exprimir **sobre todos os casos que lhe digam respeito**" antes de se extraírem as respectivas conclusões.

Aquelas três instituições apelaram às outras instituições, órgãos e organismos para que aderissem ao acordo interinstitucional.

Apelo que expressamente não foi acatado pelo B.E.I. e B.C.E.

Todavia, as respectivas decisões foram impugnadas no Tribunal de Justiça, onde **foram anuladas** por acórdão de 10 de Julho de 2003.

Ficou pois claro que aqueles organismos estão sujeitos aos inquéritos internos a realizar pelo OLAF, não podendo reservar aos seus serviços internos a realização desses inquéritos como o fizeram nas decisões anuladas.

Os inquéritos internos têm sido e são a grande preocupação do Parlamento Europeu quando nas suas resoluções se debruça sobre os relatórios da Comissão sobre a luta anti-fraude e corrupção.

---

[29] Art. 4.º, n.os 1 e 6 do Regulamento n.º 1073/1999.
[30] JO, L – 136, de 31.05.1999.

Quantitativamente representam actualmente a parcela menor da actividade do OLAF, com escassa expressão financeira.

Não obstante são os que tem maior visibilidade na comunicação social, dado implicarem funcionários e agentes da União Europeia.

Qualitativamente porém têm merecido a prioridade recomendada pelo Parlamento e adoptada nos programas anuais de actividade do OLAF ("tolerância zero" quanto às alegações de corrupção nas instituições europeias)[31].

---

[31] Ver Quarto Relatório de Actividades da OLAF (Junho 2002/Junho 2003), www.europa.eu.int/olaf Neste período foram registados 64 novos processos. 49% dos inquéritos internos respeitavam a procedimentos de concursos/subvenções.

VIII. FUNCIONAMENTO DO OLAF

21. Abordemos então a **instalação e funcionamento do OLAF**, a sua articulação com a Comissão e suas direcções-gerais, a sua intervenção nas demais instituições comunitárias, bem como o papel desempenhado pelo Comité de Fiscalização.

Para tal efeito só relevaremos a **função de inquérito** anti-fraude e corrupção.

Após demorado processo burocrático de co-decisão com o Parlamento Europeu e o Conselho, a Comissão designou o **primeiro Director do OLAF**, de entre uma lista de candidatos estabelecida com parecer favorável do Comité de Fiscalização.

Em 1 de Março de 2000, o Director designado entra em funções, estando previsto para o OLAF um quadro de pessoal de 300 lugares[32], a prover gradualmente até 2002.

Era natural que as primeiras prioridades do novo organismo fossem a regularização da "herança" da UCLAF, em matéria de informação (bases de dados IRENE), de recursos humanos e de organização interna, e de inquéritos pendentes.

Isso mesmo se constata do 1.º relatório de actividades do OLAF (1 de Junho de 1999/31 de Maio 2000).

Um outro traço significativo é a preocupação de organização de uma **eficaz base de dados**, como instrumento de análise da informação e estruturação de um **serviço de "inteligência"** que sirva de suporte a actividade operacional.

A questão dos recursos humanos e suas implicações na organização interna do OLAF suscitou desde logo a problemática da sua **real autonomia orçamental e administrativa face à Comissão**.

---

[32] A UCLAF dispunha de 139 empregados, dos quais 87 afectos a unidades operacionais.

Isto mesmo foi constatado no primeiro relatório de actividades do **Comité de Fiscalização** de Julho de 1999 a Julho de 2000.

Nele se refere expressamente que *"a dependência que ainda existe ao nível do recrutamento, da transferência e demissão de pessoal e que resulta da estreita ligação entre o organismo e a estrutura administrativa da Comissão, quase tem paralisado a actividade do OLAF"*[33].

Desta ligação à Comissão resulta a **ambiguidade** do estatuto jurídico do OLAF, que lhe atribui **independência operacional na função de inquérito**, sobretudo na função de inquérito em que estejam implicados funcionários ou agentes comunitários[34].

22. Ambiguidade que se acentua pelo facto de ao OLAF terem sido atribuídas **competências interinstitucionais** em matéria de inquéritos internos, que o B.E.I., o B.C.E., o Comité das Regiões e um grupo de deputados do Parlamento Europeu contestaram.

Contestação em parte superada actualmente por intervenção do Tribunal de Justiça (cfr. *supra* n.º 20).

Ambiguidade que se manifestava ainda pelo facto de **não estarem clarificadas as fronteiras ou a articulação** entre os inquéritos do OLAF e os inquéritos administrativos conduzidos por outros serviços da Comissão confrontados com irregularidades administrativas ou financeiras ou processos disciplinares dos seus funcionários ou agentes.

Ambiguidade ainda no que respeita à **cooperação com as autoridades judiciárias dos Estados-membros** em que o papel do OLAF permanecia mal definido.

Com efeito **os seus inquéritos** não só **careciam de regras de procedimento interno** como não consideravam suficientemente as **normas processuais dos Estados-membros**, de molde a terem sequência nas respectivas autoridades judiciais.

Registou-se a tendência destas últimas para considerar o OLAF como um serviço normal da Comissão.

Daí que nesse primeiro relatório de actividades o Comité de Fiscalização, nesta matéria, tenha recomendado a tomada *"sem demora de medidas de organização interna do OLAF, tais como a criação de uma* **célula**

---

[33] JO, C – 360, de 14.12.2000.

[34] Parecer n.º 2/2002, anexo ao primeiro relatório de actividades do Comité de Fiscalização.

de magistrados para reforçar a legitimidade dos inquéritos e favorecer a emergência de uma cultura judiciária europeia".

Entretanto o OLAF foi estruturando o seu organigrama interno com três direcções de serviços e provendo gradualmente o seu quadro de funcionários permanentes e agentes temporários.

A **Direcção A** ocupa-se, além do mais, da *"política, legislação e assuntos jurídicos"*, cabendo-lhe *"a preparação das iniciativas legislativas e regulamentares da Comissão, tendo em vista os objectivos da luta contra a fraude"*.

A **Direcção B**, "Investigação e operações" tem a seu cargo essencialmente a função de inquérito e a coordenação e assistência às autoridades nacionais e a **Direcção C** a *"inteligência"*.

Por seu turno foi criada a **unidade de magistrados**, recrutados dentro dos magistrados nacionais (1 por cada Estado-membro), visando conseguir que os inquéritos e respectivos relatórios finais fossem apresentados nas respectivas jurisdições de forma admissível face ao seu regime processual[35].

O preenchimento dos cargos de Director B e C e da unidade de magistrados prolongou-se até 2002, devido a obstáculos burocráticos.

Todas estas ambiguidades persistiram e foram objecto de recomendações nos ulteriores relatórios de actividades do Comité de Fiscalização e nos seus pareceres, remetidos ao Parlamento Europeu, ao Conselho e à Comissão.

O art. 15.º do Regulamento n.º 1073/1999 dispunha que no terceiro ano após a sua entrada em vigor "a Comissão apresentará ao Parlamento Europeu e ao Conselho **um relatório de avaliação** sobre as actividades da organização, acompanhado de parecer do Comité de Fiscalização, bem como, se necessário, propostas de adaptação ou alargamento das suas funções.

---

[35] Inicialmente a unidade de magistrados foi colocada na Direcção A, mas, no início de 2002, passou a depender directamente do Director-Geral a fim de sublinhar o carácter horizontal da sua função.

IX. AVALIAÇÃO DO OLAF

23. A Comissão só apresentou o relatório de avaliação em Abril de 2003[36].

Tal relatório abstém-se expressamente duma análise quantitativa dos inquéritos e das tendências da fraude, remetendo para os anteriores relatórios do OLAF.

Não contém também qualquer proposta de modificação do Regulamento n.º 1073/1999 salvo no que respeita a obrigação dos Estados--membros de informar as instâncias comunitárias do seguimento dado aos inquéritos do OLAF (Recomendação n.º 6).

No entanto a Comissão propõe-se tomar iniciativas legislativas sobre inquéritos externos no domínio das despesas directas, a cooperação/assistência em matéria de TVA transnacional e alargar a outros domínios as sanções administrativas da política agrícola comum (R. n.os 4 e 12).

É significativo também o convite à Convenção/CIG a considerar a inclusão do **Procurador Europeu** no Tratado Constitucional para assegurar o controlo das actividades operacionais do OLAF e o respeito das garantias judiciárias (R. n.º 13).

Para além disso **recomenda ao OLAF** a reformulação do manual de procedimentos dos inquéritos (R. n.º 2), o desenvolvimento da sua função de "inteligência" estratégica e operacional (R. n.º 5), a conclusão de protocolos de acordo com outros serviços da Comissão (R. n.º 7), a conclusão de memorandos de entendimento para repartição de competências disciplinares com outras instituições, órgãos e organismos (R. n.os 8 e 9), o estabelecimento de uma política de inquérito e prioridades (R. n.º 11).

---

[36] COM (2003), 154, final, em europe.eu.int/eur-lex.

Expressivo ainda é o facto da parte III deste relatório reafirmar o **estatuto misto do OLAF** decorrente da independência da sua função de inquérito e da sua ligação à Comissão.

É a **confirmação da persistência das ambiguidades e insuficiências do OLAF** reiteradamente assinaladas pelo Comité de Fiscalização.

24. **O Comité de Fiscalização** no seu parecer "complementar" ao da Comissão, sublinha que o OLAF foi instituído num quadro jurídico evolutivo. Daí que se questione se será adequado o "alargamento das funções do Organismo" sem concluir pela viabilidade do respectivo dispositivo.

Afirma a dificuldade de *"fazer uma avaliação devido à inexistência continuada de um programa de actividades do organismo (com definição de prioridades) e de verdadeiras regras processuais para os inquéritos, as quais estão em fase de elaboração, bem como à falta de um conceito claro no que respeita ao papel da unidade de magistrados"*

Deste modo, corrobora as recomendações análogas feitas ao OLAF no relatório da Comissão (R. n.os 2 e 11).

Depois de reiterar a persistência das ambiguidades do OLAF, sublinhadas em anteriores relatórios e pareceres, o Comité de Fiscalização conclui que uma **alteração do Regulamento é ainda prematura**.

Seria necessário para tal, fazer o balanço da eficácia das suas estruturas (magistrados, intelligence, plataforma de serviços) com base numa **auditoria de gestão em 2004**.

Em Dezembro de 2003, o Conselho com o apoio do Parlamento, pronunciou-se sobre esse relatório e pediu à Comissão para apresentar um **relatório de avaliação complementar com uma análise quantitativa de trabalho operacional** do OLAF.

Este relatório incidiu sobre os resultados do OLAF, a afectação de recursos, uma avaliação da eficácia (grau de realização dos objectivos), uma apreciação da eficácia, e os melhoramentos possíveis.

Dele consta-se que em 30 de Junho de 2004 havia um curso 216 inquéritos externos e 53 inquéritos internos, para além de 171 casos de coordenação e 71 de assistência, com as diversas autoridades dos Estados-Membros.

No que respeita ao **seguimento judicial nos Estados-membros dado aos inquéritos do OLAF, desde Junho de 1999**, dum total de 341 casos, **55 tinham sido arquivados** pelas autoridades nacionais, 214 estavam ainda pendentes de decisão e apenas 21 tinham processo judicial em curso.

Mas o mais interessante é que dos 55 **casos arquivados**, 34 tiveram essa decisão final **por falta de provas**.

A Comissão reconhece a necessidade de melhorar a eficácia do OLAF, reorientando a sua actividade operacional para domínios em que os Estados-Membros não têm responsabilidade específica como é o caso da luta anti-fraude em despesas directas das instituições comunitárias e despesas com países terceiros.

Isto para além da melhoria do quadro legislativo – **alterações em curso do Regulamento n.º 1073/1999** – que passa pela concentração do OLAF na actividade de inquérito, clarificando os procedimentos da sua abertura e encerramento em função dum **princípio da oportunidade** bem definido e da **diminuição dos prazos** da respectiva duração.

O aprofundamento destes trabalhos tendo em vista a **criação da Procuradoria Europeia** prevista na Constituição para a Europa é expressamente referenciado no final deste relatório.

25. Entretanto, o desenvolvimento dos **inquéritos do OLAF ao Eurostat** e a sua divulgação na Comunicação Social fizeram instalar uma **crise na Comissão**.

O caso Eurostat, desde 2000, deu origem a vários inquéritos relativos a subvenções e contratos com várias empresas, suspeitos de irregularidades orçamentais e gestionárias.

Implicou transmissão oficial de informações de carácter penal às **autoridades judiciais do Luxemburgo e de Paris** e a tomada de medidas cautelares administrativas a altos dirigentes do Eurostat.

Confirmou as críticas anteriormente feitas ao estatuto e funcionamento do OLAF.

Os prazos longos, quer da decisão de abrir um inquérito quer da sua conclusão, a falta de articulação com outros processos disciplinares, penais, administrativos e auditorias, a pouca clareza na distinção entre inquéritos internos e externos, a falta de normas que regulem as diversas fases do inquérito, as **dificuldades de comunicação entre o OLAF e a Comissão**.

Foi precisamente esta última insuficiência que despoletou a crise, já que a Comissão foi tardiamente informada da implicação nos inquéritos de funcionários comunitários.

Sobretudo das informações transmitidas pelo OLAF às autoridades judiciais nacionais, e o seu conhecimento pela **Comunicação Social**.

O impacto mediático deste caso levou a Comissão, em 9 de Julho de 2003, a criar uma **task force** "*para tornar a seu cargo os* aspectos internos e externos dos inquéritos actualmente geridos pelo OLAF".

O que manifestamente foi visto como uma interferência na independência operacional do Organismo.

No interior do OLAF não foram menores as repercussões políticas deste caso.

No início de Agosto de 2003, foi adoptado o m**anual revisto** e elaborado um protocolo de acordo relativo a um **código de conduta**, para assegurar em tempo útil a troca de informações entre o OLAF e a Comissão em matéria de inquéritos internos.

De igual modo, foi decidida a transmissão prévia ao Comité de Fiscalização de todas as informações destinadas às autoridades judiciárias nacionais.

X. O CASO EUROSTAT, O PARLAMENTO EUROPEU E A REFORMA DO OLAF

26. A repercussão do caso Eurostat no Parlamento Europeu foi profunda.

Ela coincidiu com a remessa pela Comissão do relatório de avaliação das actividades do OLAF (art. 15.° do Regulamento n.° 1073/1999).

Em 18 de Novembro de 2003, o **Presidente Romano Prodi** pronuncia diante do Parlamento um discurso sobre o estado da União, no qual aborda expressamente o caso Eurostat e a **reforma do OLAF**.

Reforma do seu **quadro jurídico**, isto é, do Regulamento n.° 1073//1999, em contracorrente da posição tomada naquele relatório.

Apontou como principais linhas de força desta reforma:

– o **reforço da autonomia operacional**, podendo certas tarefas horizontais não ligadas à função de inquérito ser reintegradas nos serviços da Comissão;

– consagração legislativa do **princípio de oportunidade ou discricionariedade**, na abertura dos inquéritos para possibilitar o estabelecimento de prioridades na sua acção;

– clarificação dos fluxos de **informação entre o OLAF e as instituições** ou órgãos comunitários;

– modificações do Regulamento no que respeita ao aspecto essencial da **protecção dos direitos de defesa nos inquéritos**.

Concluiu pelo anúncio de proposta legislativa nesse sentido a apresentar ao Parlamento Europeu, não sem antes ter afirmado que *"na **perspectiva de um Procurador Europeu**, a autonomia do OLAF deve ser inteira num enquadramento político claro"*.

Parlamento Europeu que, entretanto, se debruçaria sobre o referido relatório de avaliação do OLAF.

27. **A Resolução do Parlamento Europeu**[37] relativa ao Relatório da Comissão sobre a avaliação do OLAF é profundamente crítica e avançada.

Crítica, desde logo, no que respeita à actuação do OLAF no caso Eurostat, perfilhando constatações do parecer do Comité de Fiscalização.

Na senda do discurso do Presidente Prodi, convida a Comissão a apresentar **propostas legislativas** baseadas no art. 280.º do Tratado CE para introduzir melhorias no **Regulamento OLAF**. Alterações que deveriam passar pela salvaguarda dos direitos dos inquiridos, pela elaboração de regras processuais dos inquéritos, pela informação a prestar às instituições e pelo reforço da independência e competência do Comité de Fiscalização.

Isto para além de concretas recomendações ao OLAF sobre a sua organização interna e **programa de actividades, com prioridades, para 2004**, solicitando-lhe um relatório até Maio de 2004 sobre os 150 casos pendentes herdados da UCLAF.

Significativa é a constatação de que havia **2.300 casos pendentes** relacionados com fundos estruturais, comércio, alfândegas, ajuda externa e despesas directas, alguns há mais de 2 anos.

Finalmente, impõe-se realçar que o Parlamento Europeu "*entende que o OLAF deve ser encarado como uma autoridade independente em matéria de inquérito que coopera com a Europol, a Eurojust, a Rede Judiciária Europeia e que **no futuro** poderá vir a cooperar com o Procurador Europeu*".

Neste momento, encontra-se em curso o processo legislativo de modificação do Regulamento n.º 1073/1999 contemplando, designadamente, o reforço dos mecanismos de controlo do OLAF, o respeito pelos direitos dos inquiridos, o regime de transmissão de informações às instituições e às autoridades nacionais, e o alargamento das competências do Comité de Fiscalização nestas matérias.

Sublinha-se neste projecto de alteração daquele regulamento duas linhas de força fundamentais para garantir a **eficácia dos inquéritos**.

A consagração do **princípio da oportunidade** na abertura dos inquéritos que permite não iniciar inquéritos nos casos de menor importância ou que não se inserem nas prioridades do OLAF.

A **proibição** dos órgãos ou instituições comunitárias de abrir inquéritos sobre os mesmos factos objecto de inquéritos internos do OLAF e a **obrigação de consultar o OLAF** antes de abrir qualquer inquérito.

---

[37] www 3.europarl.eu.int/ (acta de 4/12/2003).

XI. O PROCURADOR EUROPEU E O TRATADO DE NICE

28. Na altura da entrada em vigor do Regulamento n.° 1073/1999 e da criação do OLAF estava por resolver o problema da **criminalização da fraude financeira e da corrupção** por ainda não ter entrado em vigor a Convenção de 1995 e os protocolos adicionais.

Paralelamente com este problema estava ainda em curso o processo da criação do **Procurador Europeu** independente que exercesse a acção pública perante as jurisdições competentes dos Estados-membros em matéria de protecção dos interesses financeiros comunitários.

Esta proposta constava da **Comunicação da Comissão de 29.9.2000 dirigida à Conferência Intergovernamental** sobre as reformas institucionais[38].

Comunicação da Comissão que se baseou num trabalho preparatório aprofundado feito a seu pedido e a pedido do Parlamento Europeu por um grupo de peritos de todos os Estados-membros sobre a protecção penal dos interessados financeiros da Comunidade.

Esse trabalho, conhecido sob a designação de "**Corpus Juris**"[39] recomenda a criação de um **espaço judicial comunitário unificado** me-

---

[38] Já antes, em 19 de Janeiro de 2000, o Parlamento Europeu havia exortado a CIG no mesmo sentido – JO, C – 304/126, de 24.10.2000.

[39] Corpus juris que estabelece disposições penais para a protecção dos interesses financeiros da União Europeia, sob a direcção de Delmas-Marty, Económica, Paris, 1997. O texto do Corpus juris encontra-se igualmente disponível na Internet (http://www.law.uu.nl/wiarda/corpus/indexi.htm).

Na sequência destas recomendações, os peritos concluíram mais recentemente um importante estudo comparativo relativo à análise da necessidade, legitimidade e viabilidade do «Corpus juris», analisando o impacto que poderá ter um Procurador Europeu sobre os sistemas de repressão nacionais: *Aplicação do Corpus juris nos Estados-membros, Delmas-Marty/ J.A.E. Vervaele, Intersentia, Utrecht, 2000.*

diante a inserção harmoniosa nos sistemas nacionais de um Procurador Europeu e delegados em cada Estado-membro, encarregados apenas do procedimento penal e acusação.

Às instâncias judiciárias nacionais ficaria reservado o julgamento e a decisão final.

Não obstante, esta comunicação da Comissão **não foi aceite** pelos Chefes do Estado e do Governo reunidos em Nice, quer porque a Conferência Intergovernamental não dispôs de tempo necessário para analisar a proposta quer porque exprimiu o desejo de que as implicações práticas da criação do Procurador Europeu fossem aprofundadas.

Entretanto para superar todos estes insucessos designadamente para substituir os instrumentos do terceiro pilar (Convenção P.I.F.) que ainda não tinham entrado em vigor, a Comissão **em 23.05.2001** apresentou uma **proposta de Directiva** relativa à protecção penal dos interesses financeiros da Comunidade[40].

Para tanto firma-se nos arts. 29.°, 47.° e 280.° do Tratado da União Europeia que consagra a primazia do direito Comunitário na adopção de medidas no domínio da protecção dos interesses financeiros da Comunidade, que relevam essencialmente do 1.° pilar.

É certo que o invocado art. 280.° do Tratado de Amesterdão, no seu n.° 4 dispõe as medidas do Conselho "não dirão respeito à aplicação de direito penal nacional nem à administração da justiça nos Estados-membros".

A Comissão entendia que esta proibição se dirigia ao direito processual penal e à cooperação judiciária em matéria penal, mas não a medidas de **direito penal** designadamente **definição de infracções penais.**

Por isso é que a proposta de Directiva **retoma os artigos da Convenção PIF** e dos protocolos adicionais, não abrangidos pelo n.° 4 daquele art. 280.°, designadamente a tipificação dos crimes de fraude corrupção e branqueamento de capitais, responsabilidade penal, sanções aplicáveis e cooperação dos Estados-membros com a Comissão.

Por isso é que no considerando n.° 14, incita todos os Estados-membros à ratificação daqueles instrumentos do 3.° pilar, para que as disposições "relativas à competência, à entreajuda judiciária, à transfe-

---

[40] JO, C – 240-E, de 28.08.2001.

rência e à centralização das acções penais, à extradição e à execução de sentenças possam também entrar em vigor".

O processo legislativo desta Directiva ainda se mantém em curso, apesar das insistências do Parlamento Europeu dirigidas ao Conselho para a urgência da sua conclusão.

XII. O PROCURADOR EUROPEU: DO *CORPUS JURIS* ATÉ AO LIVRO VERDE DA COMISSÃO

29. A aprovação daquela Directiva e a entrada em vigor da Convenção PIF e respectivos protocolos podem contribuir para a eficácia da luta anti-fraude financeira e contra a corrupção na União e consequentemente para a eficácia da actuação do OLAF.

Todavia, ainda não consubstanciam as medidas necessárias para "proporcionar uma protecção efectiva e equivalente nos Estados-membros, nos domínios da prevenção e combate às fraudes lesivas dos interesses financeiros da Comunidade", postuladas pelo 280.° do Tratado de Amesterdão.

Como não conferem ao OLAF a adequada legitimidade para a realização de inquéritos penais, nem o controlo da legalidade dos seus procedimentos nesta função, nem sobretudo as necessárias garantias dos presumíveis autores dos factos ou omissões tipificadas como crimes.

Para atingir tal desiderato só a arquitectura jurídica e organizativa delineada pelo "**Corpus Juris**", que haveria de suportar a criação do **Procurador Europeu** para a criminalização da violação dos interesses financeiros da Comunidade.

Criação, cuja necessidade continuou presente nas preocupações da Comissão, mesmo após a frustração do Tratado de Nice nesta matéria, e sobretudo nas preocupações do Parlamento Europeu.

Criação que tem sido reiteradamente reclamada pelo Comité de Surveillance do OLAF nos seus sucessivos pareceres, como indispensável garantia da independência e dos direitos e defesa das pessoas visadas nos seus inquéritos[41].

---

[41] Relatório de actividades, JO, C – 360, de 14.12.2000.

No seu **plano de acção para 2001-2003** a Comissão abordou a estratégia global da luta anti-fraude em que um dos quatro objectivos era o reforço da dimensão judicial penal do combate à fraude e corrupção.

Preparando a concretização deste objectivo, em 2002 a Comissão relançou à reflexão pública um **Livro Verde**[42] **sobre a criação do Procurador Europeu** encarregado da protecção penal dos interesses financeiros da Comunidade.

Livro Verde que visava o debate sobre da **proposta, já feita pela Comissão** em 29 de Setembro de 2000, da "integração no tratado somente das características essenciais do cargo de Procurador Europeu (nomeação, demissão, missão independência), remetendo para o direito derivado a definição das regras e modalidades necessárias ao seu funcionamento".

Isto **tendo em vista "superar a fragmentação do espaço penal europeu", a inadequação dos métodos clássicos de cooperação judiciária** entre os Estados-membros, a resposta à **falta de seguimento judicial aos inquéritos** administrativos efectuados pelo OLAF, reforçando a organização e eficácia dos inquéritos no interior das instituições comunitárias.

Tudo em conformidade também com os objectivos do **Conselho Europeu de Tampere** de "criação de um verdadeiro espaço judiciário europeu comum".

O Livro Verde pretendeu ainda levar a Convenção encarregada de preparar a revisão dos Tratados em 2003 (projecto de Constituição para a Europa) a considerar a proposta da criação do Procurador Europeu.

30. As linhas mestras da proposta de criação de um Procurador Europeu encontram-se nos trabalhos preparatórios contidos no **Corpus Júris** e nos subsequentes estudos sobre a sua viabilidade nos sistemas nacionais[43].

O Corpus Juris **tipifica oito infracções criminais** puníveis com pena privativa de liberdade até aos 5 anos e (ou) multa para as pessoas

---

[42] O sítio para consulta do Livre Verde e o relatório de acompanhamento da Comissão é o seguinte: http://europe.eu.int/comm/anti_fraud/green_paper/index_pt.htr

[43] Cfr. *supra* nota 38. Segue-se de perto neste ponto a obra de *Delmas-Marty/J.A.E. Vervaele*.

físicas e multa até 10 milhões de euros para as pessoas colectivas e com sanções complementares.

Estas infracções criminais na sua maior parte coincidem com as descritas na Convenção PIF. É o caso da **fraude** aos interesses financeiros das Comunidades Europeias e delitos assimilados, o **branqueamento e a recepção** do produto das infracções, e **a corrupção**.

A **associação de malfeitores, a fraude nos contratos públicos, a malversação** de dinheiros orçamentais, **o abuso da função** de gestão de dinheiros orçamentais e a **revelação de segredo de função**, constituem novos tipos de crime, que a Comissão adoptou no Livro Verde, na sequência do Corpus Juris.

O regime da responsabilidade criminal é enformado pelos princípios clássicos de direito penal: legalidade, culpabilidade pessoal, proporcionalidade das penas e garantia judiciária.

No que concerne ao **procedimento criminal** é que o Corpus Juris se funda num regime misto de combinação das componentes nacionais e comunitárias.

O Ministério Público – Procurador Europeu e delegados nos Estados-membros – exerce as suas competências de investigação **em todo o território da União Europeia** com poderes idênticos nos quinze Estados-membros.

Às jurisdições nacionais competiria o julgamento definitivo segundo o seu próprio ordenamento jurídico, com eficácia sobre todo o espaço judiciário europeu.

Este regime está basicamente assente no **princípio da territorialidade**: o conjunto dos territórios dos Estados-membros da União constitui um **espaço judiciário único** para efeitos de investigação, julgamento e execução de todas as decisões jurisdicionais, incluindo a sentença final relativamente àqueles eurocrimes.

31. A partir do princípio da territorialidade podem identificar-se **outros princípios** em que o sistema se estrutura.

O princípio da **indivisibilidade e solidariedade do Ministério Público Europeu**, no qual se integram os delegados do Procurador Europeu em cada Estado-membro.

O princípio da **competência exclusiva** do Ministério Público para dirigir ou coordenar a investigação daqueles eurocrimes face às autoridades nacionais ou ao OLAF.

O princípio da **sujeição ao controlo do juiz nacional** do respectivo Estado-membro no que concerne às garantias de direitos fundamentais (prisão preventiva, buscas, apreensões, escutas telefónicas, etc.)[44].

O princípio do **reconhecimento mútuo** dos actos jurisdicionais pelos Estados-membros: as decisões jurisdicionais proferidas num Estado-membro devem ser reconhecidas em qualquer outro.

O princípio "***non bis in idem***", que impõe a toda a autoridade nacional o reconhecimento da força de caso julgado aos julgamentos penais efectuados por outra jurisdição nacional sobre os mesmos crimes ou os mesmos factos.

A legitimidade e eficácia do OLAF, enquanto instrumento da luta contra a fraude financeira e a corrupção, dependem do seu adequado enquadramento na estrutura organizativa do Procurador Europeu.

Com esse objectivo o Parlamento Europeu e a própria Comissão têm vindo a insistir pela **completa estruturação do OLAF** desde a sua criação em 1999.

---

[44] O Comité de Fiscalização do OLAF no seu Parecer n.º 2/2002 relativo ao Livro Verde preconiza para este efeito "a criação de uma câmara preliminar europeia, segundo o modelo da jurisdição criada pelo Estatuto de Roma para o Tribunal Penal Internacional", em razão da unidade de aplicação e interpretação do direito comunitário e de equidade na determinação do Tribunal do julgamento.

XIII. A CONSTITUIÇÃO PARA A EUROPA, O PROCURADOR EUROPEU E O OLAF

32. O Tratado de Amesterdão consagrou um conjunto de normas relativas à criação de **um espaço de liberdade, segurança e justiça na União Europeia**, que passaria pela cooperação judiciária entre os Estados-membros.

O Conselho Europeu de Tampere, em Outubro de 1999, considerou que essa cooperação judiciária integraria o reconhecimento mútuo das decisões das autoridades judiciais de cada Estado-membro mesmo em matéria penal.

O que pressupõe a consagração do princípio da **confiança recíproca dos Estados-membros nos respectivos sistemas de justiça penal**.

Estes princípios enformavam já a Convenção de 26 de Julho de 1995 relativa à protecção dos interesses financeiros das Comunidades e os respectivos protocolos adicionais.

O princípio do reconhecimento mútuo das decisões judiciais e dos respectivos sistemas de justiça penal há-de valer para **todas as fases do processo penal**.

Consequentemente, a Decisão do Conselho de 28 de Fevereiro de 2002[45] veio criar **a Eurojust**, como instrumento indispensável a essa cooperação judiciária.

No que concerne à luta anti-fraude financeira há que sublinhar duas linhas de força desta Decisão[46].

---

[45] JO, L – 63, de 6.03.2002.

[46] Face às competências da Eurojust criadas por esta Decisão e com vista à sua articulação com as do OLAF sobre a mesma matéria, foi celebrado entre ambos os organismos um protocolo de entendimento.

– A competência geral do Eurojust abrange **crimes de fraude e corrupção** bem como quaisquer infracções penais que lesem os interesses financeiros da Comunidade Europeia e o branqueamento dos capitais, produto desses crimes [art. 4.°, n.° 1, *b)*].

– A Eurojust pode intervir no âmbito das investigações e dos procedimentos penais que **impliquem dois ou mais Estados-membros** relativos aos crimes da sua competência (art. 3.°, n.° 1).

Como se sublinha no considerando n.° 8 dessa Decisão *"as competências da Eurojust não prejudicam as competências da Comunidade em matéria de protecção dos interesses financeiro desta"*.

Por seu turno, a Decisão – quadro do Conselho de 13 de Junho de 2002[47] veio criar o **mandado de detenção europeu** destinado a substituir nas relações entre os Estados-membros os anteriores instrumentos em matéria de extradição.

Tal mecanismo aplica-se também aos crimes de corrupção, fraude, incluindo a fraude lesiva dos interesses financeiros das Comunidades Europeias na acepção da Convenção de 26 de Julho de 1995, ao branqueamento dos produtos desses crimes e à contrafacção do euro (art. 2.°, n.° 2).

33. Como atrás deixámos sublinhado, o sistema eficaz de protecção dos interesses financeiros da União, para além da criminalização das respectivas infracções, pressupunha a criação de um **Procurador Europeu** que, apoiado nos inquéritos do OLAF, introduziria as subsequentes acusações nas jurisdições dos Estados-membros.

Após o fracasso da inclusão de tal sistema no Tratado de Nice chegou mesmo a ser sugerida a criação por direito comunitário secundário de um **Procurador Europeu apenas para os inquéritos internos do OLAF**[48].

A problemática do Procurador Europeu andou sempre ligada à protecção dos interesses financeiros da União e ao combate à corrupção lesiva desses mesmos interesses, bem como à integração do OLAF nessa estratégia.

---

[47] JO, L – 190, de 18.07.2002.
[48] Recomendação do Parlamento Europeu, referida no primeiro Relatório de Actividades do Comité de Fiscalização do OLAF, e Pareceres n.os 5/99 e 2/2000, anexos.

Basta ver o Corpus Juris e o Livro Verde lançado pela Comissão.

Todavia, o Tratado que estabelece uma **Constituição para a Europa** recentrou esta problemática em parâmetros mais alargados[49].

O combate à fraude e outras actividades lesivas dos interesses financeiros da União aparece como objectivo consagrado expressamente nos arts. I – 53.º, n.º 7 e III, 273.º, n.º 1, a), 274.º e 415.º.

O art. III – 415.º, sob a epígrafe "luta contra a fraude" preconiza o **combate conjunto da União e dos Estados-membros** contra a fraude e quaisquer outras actividades ilegais dos interesses financeiros da União, com a adopção de medidas que proporcionem a respectiva "**protecção efectiva nos Estados-membros** assim como nas instituições, órgãos e organismos da União".

Remetendo para este artigo, já o art. 53.º, n.º 7 dispunha que "A União e os Estados-Membros combatem as fraudes e quaisquer outras actividades ilegais lesivas dos interesses financeiros da União"

A coordenação das acções dos Estados-membros deve ser organizada "em conjunto com a Comissão".

É a reafirmação reforçada dos princípios da analogia de interesses financeiros da União e dos Estados-membros, da sua protecção efectiva, da colaboração entre os Estados-membros e a Comissão, que estiveram na base do actual art. 280.º (Tratado de Amesterdão).

Relativamente ao art. 280.º do TCE, este art. III – 415.º da Constituição para a Europa, permite **anotar os seguintes avanços**.

A adopção pela União Europeia de medidas anti-fraude deve garantir uma protecção efectiva dos seus interesses financeiros não só nos Estados-Membros mas **também "nas instituições órgãos e organismos da União"**.

O que, significa a abrangência explicita dos objectivos dos **inquéritos externos e internos do OLAF**.

Além disso **deixou de haver a restrição de que as medidas anti-fraude "não dirão respeito à aplicação do direito penal nacional** nem à administração da justiça nos Estados-Membros".

Tais medidas poderão pois também incidir sobre estas matérias, através do direito comunitário derivado.

---

[49] Aprovada na Reunião de Chefes de Estado ou de Governo, em Bruxelas, 17 e 18 de Junho de 2004 assinado em Roma em 29 de Outubro de 2004 e publicado no JO, C – 310, de 16.12.2004.

Com efeito, prevê-se que uma lei ou lei-quadro europeia fixe as **medidas necessárias ao combate** à fraude lesiva dos interesses financeiros da União nos Estados-membros, sem restrições, a não ser obviamente as decorrentes dos princípios da subsidiaridade e proporcionalidade.

O art. III – 273.º dispõe que, "a lei europeia determina a estrutura, o funcionamento, o domínio de acção e funções da Eurojust. As funções do Eurojust podem incluir:

a) **A abertura de investigações criminais e a propositura de instauração de acções penais** conduzidas pelas autoridades nacionais competentes, **em especial as relativas a infracções lesivas dos interesses financeiros da União;**

b) A coordenação das investigações e acções penais referidas na alínea a);

c) O reforço, a cooperação judiciária, incluindo mediante a resolução de conflitos de jurisdição e uma estreita cooperação com a Rede Judiciária Europeia".

Já o art. III – 274.º vem admitir a possibilidade de criação, por lei europeia do Conselho, de uma "**Procuradoria Europeia a partir da Eurojust**", a fim de combater as **infracções lesivas dos interesses financeiros da União**.

Procuradoria Europeia competente para a investigação de tais crimes e exercer a respectiva acção pública perante os órgãos jurisdicionais competentes dos Estados-membros.

Agora não é somente a estratégia anti-fraude financeira e corrupção e o seu instrumento de combate que é o OLAF a justificar a necessidade da criação do Procurador Europeu.

É a mais ampla necessidade de criação de um espaço de liberdade, segurança e justiça na União Europeia, consagrada em Amesterdão e reforçada no Conselho Europeu de Tampere.

É que **o combate à criminalidade grave transfronteiriça**, segundo o n.º 4 daquele dispositivo **pode também vir a ser incluído nas atribuições da Procuradoria Europeia**.

Já não é uma Procuradoria Europeia para o combate à criminalidade **contra a Europa**, mas **na Europa**.

Fica-se na expectativa sobre o papel que em todo este novo sistema europeu virá a desempenhar o OLAF.

A Resolução do Parlamento Europeu de 4/12/2003, que está na base do processo legislativo em curso de modificação do Regulamento n.º 1073/1999, aponta como horizonte a cooperação com o futuro Procurador Europeu.

A palavra decisiva caberá ao Parlamento Europeu[50] saído das últimas eleições e consequentemente à nova Comissão.

Adiante nos capítulos III e IV abordaremos com mais detalhe as funções da Eurojust e da Procuradoria Europeia segundo o Tratado que estabelece uma **Constituição para a Europa** aprovada na reunião de Chefes do Estado e de Governo de 18 de Junho de 2004, e assinado em Roma em 29 de Outubro de 2004.

---

[50] No ponto 46 da sua Resolução de 30/4/2004 sobre a protecção dos interesses financeiros das Comunidades, o Parlamento Europeu "pede ao Parlamento novamente eleito a partir de Setembro de 2004 que faça da revisão do Regulamento OLAF uma **questão prioritária**.

CAPÍTULO II
POLÍTICA ANTI-CRIMINALIDADE TRANSNACIONAL NA U.E.

I. A CRIMINALIDADE ORGANIZADA TRANSNACIONAL NA UNIÃO EUROPEIA

1. Antes duma abordagem prospectiva da Procuradoria Europeia consagrada no Tratado que estabelece uma Constituição para a Europa impõe-se uma aprofundada reflexão sobre a evolução da prevenção e combate à **criminalidade transnacional na União Europeia**[51], não apenas no que respeita a violação dos interesses financeiros, mas também à criminalidade organizada.

Sobretudo tendo em consideração o alargamento aos 10 novos países, a maioria dos quais proveniente da ex-União Soviética onde proliferaram organizações criminais da mais diversa índole.

Sobretudo meditando na instalação do terrorismo fundamentalista islâmico na União Europeia, em Espanha em 11 de Março de 2004 e potencialmente noutros Estados-Membros face às imprevisíveis estratégias da Al-quaeda.

A União Europeia tem de ser dotada de mecanismos eficientes de prevenção e combate à criminalidade não só **contra** os seus interesses financeiros mas contra os seus interesses mais amplos e **no seu território**.

De resto **desde há longos anos** que esta tem vindo a ser a sua preocupação global através da adopção de várias medidas de **cooperação entre os vários Estados-Membros**. Na verdade, os Estados-Membros tinham perfeita consciência de que as liberdades de circulação de pessoas, bens e capitais inerentes ao Mercado Comum, facilitavam a criminalidade transnacional tornando inoperantes os meios nacionais para só por si próprios a combater.

---

[51] Ver Constança Urbano de Sousa, "A Cooperação Policial e Judiciária em matéria penal na União Europeia – evolução e perspectivas", Revista de Polícia e Justiça, III Série, n.º 2, Coimbra Editora.

Daí a necessidade de cooperação entre eles expressa na criação do **Grupo Trevi**, pelos Ministros dos Assuntos Internos, em 1975.

Essa preocupação aparece pela primeira vez inserida em textos normativos comunitários no **anexo ao Acto Único Europeu**.

Neste anexo, a propósito da livre circulação de pessoas, os Estados-Membros comprometem-se explicitamente na cooperação na luta contra a criminalidade.

A partir de 1985 à margem do quadro institucional e normativo comunitário, seis Estados-Membros (França, Alemanha, Países Baixos, Bélgica e Luxemburgo) assinaram **os acordos Schengen** e posteriormente (1990) a Convenção para a sua aplicação.

Através destes instrumentos convencionais previu-se a obrigação de assistência mútua e intercâmbio de informações dos serviços policiais dos Estados-Membros.

Mais tarde com o **Tratado de Amesterdão (1997)** os acordos Schengen, que então já vinculavam 13 Estados-Membros, foram integrados no quadro institucional e jurídico da União Europeia.

Todavia, a natureza destes instrumentos jurídicos, até aqui os únicos possíveis face aos Tratados e aos interesses soberanos de cada Estado-Membro, não tem sido de molde a garantir a eficácia de tal política.

2. Na verdade as Convenções, e as Decisões Quadro[52] utilizadas têm a sua vigência e efectiva implementação dependentes da sua incorporação nos ordenamentos jurídicos **de todos os Estados-Membros**.

O que tem demorado longos anos.

A Convenção de 26/7/1995, sobre a protecção dos interesses financeiros da União Europeia que só entram em vigor em 17 de Outubro de 2002 é disso um bom exemplo.

Entre as recomendações mais impressivas do **Plano de Acção contra a Criminalidade Organizada**, adoptada pelo **Conselho em 28 de Abril de 1997** (97/C 251/01) encontra-se precisamente o **apelo aos Estados-Membros para calendarizadamente aprovarem as pertinentes Convenções**.

Vale a pena transcrever essas recomendações.

---

[52] A Decisão-quadro, tal como a directiva, obriga os Estados-Membros a transpor para a respectiva ordem jurídica os objectivos da sua estatuição. Todavia, ao contrário da directiva, não é susceptível de acção de incumprimento perante o Tribunal de Justiça.

"13. Os Estados-membros considerarão que as **convenções** enumeradas adiante e na recomendação 14 são **essenciais na luta contra a criminalidade organizada**.

Os Estados que ainda não tenham ratificado essas convenções deveriam apresentar propostas aos respectivos parlamentos no sentido de uma rápida ratificação desses instrumentos num determinado prazo. Se qualquer dessas convenções não for ratificada dentro do prazo estabelecido, o Estado-membro em causa informará, por escrito, o Conselho sobre as razões desse facto, de seis em seis meses enquanto essa convenção não for ratificada.

Se um Estado-Membro não tiver ratificado uma convenção dentro de um determinado prazo por motivos razoáveis, o Conselho avaliará a situação no sentido de a resolver. Como parte do pacto de pré-adesão a definir com os países candidatos da Europa Central e Oriental, incluindo os Estados Bálticos, deveriam ser processadas acções idênticas em relação a esses países.

(1) Convenção Europeia de **Extradição**, Paris, 1957.
(2) Segundo Protocolo à Convenção Europeia de **Extradição**, Estrasburgo 1978.
(3) Protocolo à Convenção Europeia relativa à **Assistência Mútua em Matéria Penal**, Estrasburgo 1978.
(4) Convenção relativa ao **Branqueamento**, Detecção, Apreensão e Confisco dos Produtos do Crime, Estrasburgo 1978.
(5) Convenção relativa à Assistência Mútua entre as Administrações Aduaneiras e respectivo Protocolo, Nápoles 1967.
(6) Acordo relativo ao Tráfico Ilícito por Mar, dando aplicação ao artigo 17.º da Convenção das Nações Unidas contra o Tráfico Ilícito de Estupefacientes e Substâncias Psicotrópicas, Estrasburgo 1995.
(7) Convenção das Nações Unidas contra o Tráfico Ilícito de **Estupefacientes** e Substâncias Psicotrópicas, Viena 1988.
(8) **Convenção Europeia sobre a Supressão do Terrorismo, Estrasburgo 1977**.

Data-limite: finais de 1998.
Responsáveis: Estados-Membros.

14. Todas as convenções da União Europeia adiante enumeradas deveriam ser ratificadas nas datas-limite especificadas, tendo

em conta os respectivos relatórios explicativos, caso existem. Ao elaborar novas convenções, o Conselho deveria estabelecer uma data-limite para a sua adopção e aplicação, nos termos das normas constitucionais dos Estados-Membros.
(1) Convenção relativa à Simplificação dos Processos de **Extradição** entre os Estados-Membros da União Europeia – finais de 1998.
(2) Convenção **Europol – finais de 1997 como última data-limite absoluta**.
(3) Convenção relativa à protecção dos Interesses Financeiros das Comunidades – meados de 1998.
(4) Convenção relativa à Utilização da Informática no Domínio Aduaneiro – finais de 1998.
(5) Convenção relativa à **Extradição** entre os Estados-Membros da União Europeia – finais de 1998.
(6) Protocolos à Convenção relativa à Protecção dos Interesses Financeiros das Comunidades – meados de 1998.
Responsáveis: Estados-Membros/Conselho.
Além disso, deveriam ser desenvolvidos todos os esforços para assegurar que estejam concluídos até finais de 1997 os actuais debates sobre projectos de instrumentos e, em especial, os relacionados com o projecto de terceiro Protocolo à Convenção relativa à Protecção dos Interesses Financeiros das Comunidades Europeias, o projecto de Convenção sobre **Corrupção** e o chamado projecto de Convenção Nápoles II relativa à cooperação aduaneira.
Responsável: Conselho".

Uma boa parte destas Convenções ou foi aprovada por todos os Estados-Membros muito além da data limite ou ainda não entraram em vigor, por falta de aprovação pelos Estados-Membros.

Situação que se mantinha recentemente, apesar das insistentes recomendações da União Europeia[53].

---

[53] Ver infra, IV, recomendações do Conselho Europeu de 21 de Setembro de 2001, na sequência dos atentados terroristas de 11 de Setembro em Nova York e Washington, e as insistências do Conselho Europeu de 25 de Março de 2004, na sequência dos atentados terroristas de 11 de Março em Madrid, reiterando aos Estados-Membros relapsos a necessidade de aprovação da maioria destas Convenções ou a transposição de Decisões-quadro nos respectivos ordenamentos jurídicos.

3. Na parte introdutória do referido Plano de Acção teciam-se considerações sobre a evolução da criminalidade organizada na União Europeia de maior actualidade, não obstante ter sido elaborado em 1997.

"A criminalidade organizada tem vindo a tornar-se uma ameaça crescente para a sociedade, tal como a conhecemos e desejamos preservar. O comportamento criminoso já não é apenas obra de indivíduos, mas também de organizações que penetram nas diversas estruturas da sociedade civil e, efectivamente, na sociedade no seu todo. A criminalidade está a ser cada vez mais organizada através das fronteiras nacionais, tirando igualmente partido da **livre circulação de bens, capitais, serviços e pessoas**. Inovações tecnológicas como a Internet ou as operações bancárias electrónicas acabam por revelar-se veículos extremamente úteis para a perpetração de delitos ou a transferência dos produtos do crime para actividades aparentemente lícitas. **A fraude e a corrupção assumem proporções massivas, defraudando indiscriminadamente cidadãos e instituições civis.**

Comparativamente, o desenvolvimento de meios eficazes de prevenção e repressão destas actividades criminosas processa-se a um ritmo lento, quase sempre desfasado delas. Se a Europa pretende desenvolver-se como um espaço de liberdade, segurança e justiça, tem de organizar-se melhor e elaborar respostas estratégicas e tácticas ao desafio com que se depara. Essa actuação requer um compromisso político ao mais alto nível".

O Conselho Europeu de Dublin (13 e 14 de Dezembro de 1996) afirmou a sua absoluta determinação em combater a criminalidade organizada e sublinhou a necessidade de uma abordagem coerente e coordenada por parte da União.

É certo que nesta altura as preocupações da União Europeia de prevenção e combate à criminalidade organizada, transnacional, incidiam em primeira linha sobre aquela cujo motor era a "busca de lucro financeiro". A verdade é que elas também são válidas para toda **a criminalidade na Europa** que obste à construção dum "espaço de liberdade, segurança e justiça", tal como o Tratado de Amesterdão o veio a consagrar.

II. A EUROPOL E A COOPERAÇÃO POLICIAL

4. Já no **Tratado de Maastricht**, 1992, se previa a adopção pelo Conselho de posições e acções comuns, convenções e recomendações no domínio da "cooperação policial tendo em vista a **prevenção e luta contra o terrorismo,** o tráfico **ilícito de droga** e **outras formas graves da criminalidade internacional**, em ligação com organização, à escala da União, de um sistema de intercâmbio de informações no âmbito de uma **Unidade Europeia de Polícia** (**Europol**)" (arts. k.1, n.° 9), e k.3, n.° 2).

É assim que surge a **Convenção Europol**, criada por acto do Conselho de 26 de Junho de 1995[54].

Dispõe o seu art. 2.° que:

"A Europol tem por objectivo melhorar por meio das medidas previstas na presente convenção, no âmbito da cooperação entre os Estados-Membros em conformidade com o ponto 9 do artigo k.1 do Tratado da União Europeia, a eficácia dos serviços competentes dos Estados-Membros e a sua cooperação no que diz respeito à **prevenção e combate ao terrorismo, ao tráfico de estupefacientes e a outras formas graves de criminalidade internacional, quando haja indícios concretos da existência de uma estrutura ou de uma organização criminosa e quando dois ou mais Estados-Membros sejam afectados** por essas formas de criminalidade de modo tal que, pela amplitude, gravidade e consequências dos actos criminosos, seja necessária uma acção comum por parte dos Estados-Membros.

Tendo em vista realizar progressivamente os objectivos enumerados no n.° 1, a Europol ocupar-se-á, numa primeira fase, da **pre-**

---

[54] JO, C – 316, de 27.11.1995.
Curiosamente na mesma data o Conselho institui a Convenção relativa à protecção dos interesses financeiros das Comunidades Europeias.

venção e luta contra o tráfico de estupefacientes, a **criminalidade ligada a material nuclear e radioactivo**, as **redes de imigração clandestina**, o **tráfico de seres humanos** e o **tráfico de veículos roubados**.

A Europol ocupar-se-á igualmente, o mais tardar dois anos após a entrada em vigor da presente convenção, das infracções cometidas, ou susceptíveis de ser cometidas, no âmbito de **actividades de terrorismo que atentem contra a vida, a integridade física, a liberdade das pessoas e os bens**[55]".

A Declaração de La Gomera, aprovada em reunião informal do Conselho (14 de Outubro de 1995), condena o terrorismo como ameaça para a democracia, o livre exercício dos direitos humanos e o desenvolvimento económico e social.

Posteriormente o Conselho, por Decisão de 3 de Dezembro de 1998[56], conferiu à Europol poderes para tratar das infracções cometidas no âmbito de actividades de terrorismo que atentem contra a vida, integridade física e liberdade de pessoas e bens.

No mesmo sentido o Conselho, por Recomendação de 9 de Dezembro de 1999[57], adoptou medidas relativas à cooperação na luta contra o financiamento de grupos terroristas.

5. O Tratado de Amesterdão (1997) reafirmou como objectivo da União Europeia – 3.º pilar – a manutenção e desenvolvimento dum "espaço de liberdade, de segurança e de justiça" (art. 29.º).

Este objectivo será atingido prevenindo e combatendo a criminalidade, organizada ou não, **em especial o terrorismo**, o **tráfico de seres humanos** e os **crimes contra as crianças**, o **tráfico ilícito de droga** e o **tráfico ilícito de armas**, a **corrupção e a fraude**, através de:

---

[55] Em Portugal, a Convenção Europol foi aprovada, para ratificação, pela Resolução da Assembleia da República n.º 60/97 e ratificada pelo Decreto do Presidente da República n.º 64/97, ambos publicados no *Diário da República*, 1ª Série-A, n.º 217, de 19 de Setembro de 1997. Concluídas as formalidades necessárias, esta Convenção entrou em vigor em todos os Estados-Membros no doa 1 de Outubro de 1998, conforme Aviso n.º 191/98, do Ministério dos Negócios Estrangeiros, publicado na 1ª Série-A do *Diário da República* n.º 226/98, de 30 de Setembro de 1998.

[56] JO, C – 26, de 30.1.1999.

[57] JO, C – 373, de 23.12.1999.

a) uma **cooperação** mais estreita entre forças policiais, autoridades aduaneiras e outras autoridades competentes dos Estados-Membros, tanto directamente como através do Serviço Europeu de Polícia (Europol);

b) uma **cooperação** mais estreita entre as autoridades judiciárias e outras autoridades competentes dos Estados-Membros;

c) uma **aproximação**, quando necessário, das disposições de direito penal dos Estados-Membros.

A cooperação entre os serviços policiais dos Estados-Membros e através da Europol aparece definida com detalhe (art. 30.°), e vai desde o intercâmbio de informações e de agentes de ligação até às iniciativas conjuntas em matéria de formação.

Mas o mais relevante é cooperação através da **Europol** que deverá ser promovida pelo Conselho.

Com efeito nos termos daquele Tratado, **o Conselho até 1 de Maio de 2004** (n.° 2 do art. 30.°):

a) Habilitará a Europol a facilitar e apoiar a preparação, bem como a incentivar a coordenação e execução, de acções específicas de investigação efectuadas pelas autoridades competentes dos Estados-Membros, incluindo **acções operacionais de equipas conjuntas** em que participem representantes da Europol com funções de apoio;

b) Adoptará medidas que permitam à **Europol solicitar às autoridades competentes dos Estados-Membros** que efectuem e coordenem **investigações em casos concretos**, bem como desenvolver conhecimentos especializados que possam ser postos à disposição dos Estados-Membros para os assistir na investigação de casos de criminalidade organizada;

c) Promoverá o estabelecimento de **contactos entre magistrados e investigadores especializados** na luta contra a criminalidade organizada, em estreita cooperação com a Europol;

d) Criará uma **rede de investigação, documentação e estatística** sobre a criminalidade transfronteiriça.

De igual modo competirá ao Conselho definir as condições e limites dentro dos quais as entidades policiais ou judiciárias ou outras equivalen-

tes dum Estado-Membro podem intervir no território de outro Estado-
-Membro em articulação e em acordo com as autoridades desse Estado
(art. 32.º).

Conforme declaração anexa ao Tratado da União Europeia todas estas acções "ficarão sujeitas ao **controlo jurisdicional adequado** por parte das autoridades nacionais competentes"[58].

Procedeu-se pois ao **alargamento das competências e meios operacionais da Europol**.

A decisão do Conselho de 6 de Dezembro de 2001 veio alargar o mandato da Europol às formas graves de criminalidade internacional enumeradas no anexo à Convenção de 26 de Junho de 1995.

Mais tarde, o Conselho, em 28 de Novembro de 2002[59], aprovou um **Protocolo que alterou a Convenção Europol**.

Além do mais, este protocolo regulou o apoio a **equipas conjuntas** de dois ou mais Estados-Membros, cujo funcionamento veio a ser estabelecido pela Decisão-quadro do Conselho, de 13 de Junho de 2002[60].

Mas sobretudo dotou a Europol do **poder de iniciativa junto das autoridades competentes dos Estados-Membros** para efectuarem ou coordenarem **investigações em casos concretos**, obrigando-os à fundamentação da recusa dos respectivos pedidos.

---

[58] Em Portugal competirá tal controlo ao juiz de instrução criminal, se tais acções se inserirem num inquérito criminal, nos termos do art. 17.º do Código do Processo Penal.

[59] JO, C – 312, de 16.12.2002. O protocolo ainda não foi ratificado por todos os Estados-membros pelo que não entrou em vigor.

[60] JO, L – 162, de 20.6.2002.

III. A COOPERAÇÃO JUDICIÁRIA EM MATÉRIA PENAL. A EUROJUST

6. A eficácia da cooperação policial está intimamente ligada à eficácia da **cooperação judiciária em matéria penal**, designadamente quanto à tramitação dos processos e execução das decisões (art. 31.º do Tratado de Amesterdão).

Mas tudo ficará dependente da cooperação dos Estados-Membros no domínio da **compatibilidade das respectivas normas do processo penal** e sobretudo de estabelecimento de **regras mínimas comuns** "quanto aos elementos constitutivos das infracções penais e às sanções aplicáveis nos domínios da **criminalidade organizada**, do **terrorismo** e do **tráfico ilícito da droga**" (art. 31.º do Tratado de Amesterdão).

No **Conselho Europeu de Tampere**, realizado em Outubro de 1999, foi acordado que o **princípio do reconhecimento mútuo** deveria constituir a **pedra angular da cooperação judiciária em matéria penal**. Tal princípio baseia-se na ideia de que, ainda que outro Estado-Membro possa não tratar certa questão de forma igual à forma como seria tratada no Estado-Membro do interessado, os resultados serão considerados equivalentes às decisões do seu próprio Estado.

Subsequentemente **o Conselho informal dos Ministros da Justiça** e dos Assuntos Internos realizado em **Marselha em 28 e 29 de Junho de 2000** aprovou um **programa de medidas** destinado a aplicar o princípio do **reconhecimento mútuo das decisões penais**[61].

Reconhecimento mútuo de decisões em todas as fases do processo penal, antes depois ou após sentença.

---

[61] JO, C – 12/10, de 15.1.2001.

Este documento iria servir de base a adopção posterior de instrumentos jurídicos comunitários de maior importância.

Nesse programa contêm-se os **objectivos mais importantes** que a seguir se indicam na sua essência.

7. No que respeita às **decisões penais transitadas** em julgado proferidas **anteriormente à decisão final por um juiz doutro Estado-membro** são dois os objectivos fundamentais dos instrumentos jurídicos a adoptar:

a) Reforçar a segurança jurídica na União, garantindo que a decisão penal condenatória transitada em julgado, proferida num Estado-membro, não seja posta em causa noutro Estado-membro. A existência desta decisão proferida num Estado-Membro deve obstar a que o facto ou comportamento já examinado seja novamente julgado noutro Estados-membro. Este objectivo foi parcialmente realizado pelos artigos 54.º a 57.º da Convenção de aplicação do acordo de Schengen (**ne bis in idem**).

b) Obter a tomada em consideração, por parte do juiz de um Estado-membro, de uma condenação proferida noutro Estado-Membro, a fim de avaliar os antecedentes criminais do delinquente e de tirar daí as consequências quanto à condenação do interessado (**individualização da sanção**).

Relativamente à **execução de decisões** em processo penal **anteriores ao julgamento**, matéria da máxima importância porque condiciona o reconhecimento mútuo das decisões finais a produção normativa deverá visar os seguintes **objectivos**:

a) **Permitir a admissibilidade das provas evitar o seu desaparecimento e facilitar a execução das decisões de busca e apreensão, a fim de assegurar a obtenção rápida dos meios de prova no âmbito de um processo penal** (ponto 36 das conclusões do Conselho Europeu de Tampere). Convém ter em mente os arts. 26.º da Convenção Europeia sobre a transmissão de processos penais, de 15 de Maio de 1972, e 8.º da Convenção de Roma, de 6 de Novembro de 1990, sobre a transmissão de processos penais.

b) **Permitir o reconhecimento e a execução imediata das decisões de congelamento de bens com vista à respectiva confiscação** ou restituição às vítimas de infracção penal.

c) **Facilitar a execução de mandados de detenção para efeitos de processo penal**. A este propósito, convém ter presente a recomendação n.º 28 da Estratégia da União Europeia para o início do novo milénio, segundo a qual se deverá ter em consideração a possibilidade de criar, a longo prazo, **um espaço jurídico europeu único em matéria de extradição**.

d) **Assegurar a cooperação nos casos em que uma pessoa é submetida a obrigações ou a medidas de vigilância no âmbito de um controlo judiciário antes do julgamento do interessado**.

e) A evolução da criminalidade internacional levou a um aumento considerável dos casos em que **vários Estados-Membros são competentes para julgar factos idênticos ou conexos, de acordo com as respectivas regras processuais internas. Assim é conveniente facilitar na União a solução dos conflitos positivos de competência entre os Estados-Membros e evitar, na medida do possível, a multiplicação de processos penais**. Neste intuito, deverá realizar-se um estudo de viabilidade sobre a criação de um "registo central" que permita evitar pronúncias que possam ser rejeitadas a título do princípio *ne bis in idem*, e que forneça também informações úteis sobre investigações relativas a infracções em que a mesma pessoa esteja implicada.

8. Finalmente no que respeita **às decisões condenatórias** proferidas num Estado-Membro foram definidos objectivos muito concretos, no sentido de se alcançar um regime comunitário que garanta o seu reconhecimento em todos os Estados-Membros da União Europeia.

Assim no que respeita às **penas de prisão**:

a) Nos casos de decisão condenatória transitada em julgado proferida num Estado-Membro contra um nacional de outro Estado-Membro, **se a extradição for recusada por este Estado apenas pelo facto de se tratar de um cidadão nacional** em aplicação do n.º 2 do artigo 7.º da Convenção relativa à extradição entre os Estados-Membros da União Europeia, de 27 de Setembro de 1996, o Estado-Membro deverá providenciar a execução no seu território da decisão condenatória a título da qual é solicitada a extradição.

b) **Simplificação dos procedimentos** na hipótese de a pessoa condenada por uma decisão transitada em julgado se tentar eximir à execução da pena (ponto 35 das conclusões do Conselho Europeu de Tampere).

c) Permitir aos residentes de um Estado-Membro o **cumprimento da respectiva pena no Estado da residência** a fim de favorecer a reinserção social. A este respeito, convém ter em mente o artigo 2.º do Acordo relativo à aplicação entre os Estados-Membros das Comunidades Europeias da Convenção do Conselho da Europa sobre a transferência de pessoas condenadas, de 25 de Maio de 1987.

De igual modo foram fixados objectivos no que respeita à execução num Estado-Membro das **penas de multa** aplicadas por outro Estado--Membro e pessoas singulares ou colectivas, bem como à execução no Estado-Membro de uma decisão de **confisco** proferida noutro Estado--Membro.

Igual preocupação mereceu o objectivo de alargar progressivamente a **eficácia das sanções de perda de direitos** a todo o território da União Europeia, efectivamente, para que sejam eficazes no contexto do espaço europeu, certas sanções deverão ser reconhecidas e executadas em toda a União. Dever-se-á ter igualmente em consideração a **recomendação n.º 7** do plano de acção de combate à criminalidade organizada, de 1997, que **exige aos Estados-Membros que proíbam as pessoas que tenham cometido infracções associadas à criminalidade organizada de participarem em concursos públicos** levados a efeito pelos Estados-membros ou pela Comunidade e recusem os seus pedidos de **subvenções ou de licenças públicas**, bem como a recomendação **n.º 2** da Estratégia da União Europeia para o início do novo milénio, que defende a mesma ideia.

Por fim, no que concerne às decisões tomadas no contexto da **exeção de penas** estabeleceu-se como objectivo, assegurar a cooperação no caso de uma pessoa sujeita a obrigações ou medidas de vigilância e de assistência a título, nomeadamente, de um **regime de prova de liberdade condicional**.

9. **O Tratado de Nice**, veio dar mais um impulso na cooperação judiciária, cuja promoção, através da Eurojust, passou a estar a cargo do Conselho.

Aditou ao art. 31.º do Tratado de Amesterdão o seguinte normativo:
"– **O Conselho promoverá a cooperação através da Eurojust**:

a) Permitindo à Eurojust facilitar a coordenação adequada entre as autoridades nacionais dos Estados-Membros competentes para a investigação e o exercício da acção penal;
b) Favorecendo o contributo da Eurojust para as investigações relativas aos processos referentes a **formas graves de criminalidade transfronteiriça**, especialmente quando se trate de **criminalidade organizada**, tendo em conta nomeadamente as análises da Europol;
c) Promovendo a estreita cooperação entre a Eurojust e a Rede Judiciária Europeia, designadamente a fim de facilitar a execução das cartas rogatórias e dos pedidos de extradição."

Como instrumento privilegiado desta cooperação judiciária em matéria penal, **foi então criada a Eurojust, por Decisão do Conselho de 28 de Fevereiro de 2002**[62], a fim de reforçar a luta contra às formas graves da criminalidade, transfronteiriça e organizada.

A criação desta unidade orgânica típica de 3.° Pilar da União Europeia já havia sido deliberada no Conselho Europeu de Tempere de 15 e 16 de Outubro de 1999.

Antes de tudo há que sublinhar que **a Eurojust em regra só intervém** para melhorar a coordenação das investigações e procedimentos penais, bem como facilitar a prestação de auxílio judiciário mútuo em **matéria penal**, que **implique dois ou mais Estados-Membos**.

Todavia a extensão da sua competência material está tipificada na Decisão.

Antes de mais **coincide com a competência material da Europol**, ou seja, com os tipos de criminalidade e infracções definidas no art. 2.° da Convenção Europol.

Para além disso, abrange a criminalidade informática, a fraude e a corrupção **bem como quaisquer infracções penais que lesem os interesses financeiros da Comunidade Europeia** (Convenção PIF), o branqueamento dos produtos do crime, e a participação numa organização criminosa na acepção da Acção Comum 98/733/JAI do Conselho de 21 de Dezembro de 1998[63].

---

[62] JO, L – 63, de 6.3.2002.
[63] JO, L – 351, de 29.12.1998

Como que a apontar a necessidade e conveniência de se ultrapassar a função de coordenação e cooperação nas acções em curso em matéria penal, **a Decisão atribui à Eurojust um tímido poder de iniciativa**.

Com efeito, **actuando colegialmente** (o colégio é composto por todos os membros nacionais, dispondo cada um de um voto) ou por **intermédio de um ou vários membros nacionais envolvidos** a Eurojust pode, respectivamente, apresentar **um pedido fundamentado** ou apenas uma **mera ponderação** às autoridades nacionais no sentido de:

i) **dar início a uma investigação ou instaurar um procedimento penal por factos precisos**;

ii) admitir que uma delas possa estar em melhor posição para **dar início** a uma investigação ou instaurar um **procedimento penal por factos precisos**;

iii) estabelecer a **coordenação** entre elas;

iv) criar uma **equipa de investigação conjunta**, de acordo com os instrumentos de cooperação aplicáveis;

v) **lhe fornecer todas as informações necessárias** ao desempenho das suas funções.

10. No que respeita ao **auxílio judiciário mútuo em matéria penal**, a matriz das acções em comum na União Europeia nesta matéria encontra-se actualmente no **art. 31.º do Tratado da União Europeia**, na redacção dada pelo **Tratado de Nice**.

Tais acções em comum terão por **objectivo**:

a) Facilitar e acelerar a **cooperação** entre os ministérios e as autoridades judiciárias ou outras equivalentes dos Estados-Membros, inclusive quando tal se revele adequado por intermédio da Eurojust, no que respeita à tramitação dos processos e à execução das decisões;

b) Facilitar a **extradição** entre os Estados-Membros;

c) Assegurar a **compatibilidade das normas** aplicáveis nos Estados-Membros, na medida do necessário para melhorar a referida cooperação;

d) Prevenir os **conflitos de jurisdição** entre Estados-Membros;

e) Adoptar gradualmente medidas que prevejam **regras mínimas quanto aos elementos constitutivos das infracções penais e às sanções aplicáveis** nos domínios da criminalidade organizada, do terrorismo e do tráfico ilícito de droga.

Alguns destes objectivos já foram alcançados ou estão em vias de o ser através da aprovação das Decisões-quadro atrás referidas, designadamente o mandado de detenção europeu.

De todos eles merecem especial destaque o objecto de "**assegurar a compatibilidade das normas aplicáveis nos Estados-Membros**".

Tais normas são apenas aquelas que respeitaram "à tramitação de processos e execução de decisões" bem como à extradição.

Isto é, **só normas de processo penal** e não de direito penal substantivo.

Nesta matéria releva o objectivo da alínea e) que, restrito aos "**domínios da criminalidade organizada**, do **terrorismo** e do **tráfico ilícito de droga**", postula a adopção gradual de medidas legislativas pelos Estados--Membros com "regras mínimas quanto aos elementos constitutivos das infracções penais e às sanções aplicáveis".

O Conselho Europeu de Tampere concluiu que estas **regras mínimas** devem incidir numa primeira fase sobre **um mínimo limitado de sectores**, tais como a criminalidade financeira (branqueamento de capitais, corrupção, contrafacção do euro), tráfico de droga, exploração de mulheres, exploração sexual de crianças, criminalidade com utilização de tecnologias avançadas e criminalidade ambiental.

Face à **definição de crime de terrorismo**, integrando as mais diversas incriminações geralmente adoptadas nos Estados-Membros[64], torna-se claro que este **direito penal comum** substantivo deve abranger todas estas incriminações.

Sobretudo no que concerne à harmonização das sanções aplicáveis a cada um desses crimes.

Invocando precisamente o objectivo da alínea a) do art. 31.º do Tratado de Amesterdão, foi estabelecida a **Convenção relativa ao auxílio judiciário mútuo em matéria penal** entre os Estados-Membros, por Acto do Conselho de 29 de Maio de 2000[65].

Por Acto do Conselho de 16 de Outubro de 2001[66] foi aprovado um protocolo a essa Convenção.

---

[64] Cfr. arts. 1.º a 4.º da Decisão-quadro do Conselho de 13 de Junho de 2002 relativa à luta contra o terrorismo.

[65] JO, C – 197, de 12.7.2000.

[66] JO, C – 326, de 21.11.2001.

Esta Convenção e protocolo regulam o **auxílio mútuo em processos por factos puníveis criminalmente**, quer eles sejam instaurados por autoridades judiciárias quer por autoridades administrativas desde que da decisão destas caiba recurso jurisdicional (art. 3.°).

Ela contempla designadamente o envio e notificação de peças processuais a pessoas que se encontrem noutro Estado-Membro, a transferência temporária de pessoas detidas para o território do Estado-Membro em que a investigação se realiza, a audição de testemunhas ou peritos por vídeo-conferência ou conferência telefónica, a intercepção de telecomunicações e o pedido de informação e controlo sobre operações bancárias.

Nesta matéria é ainda da maior importância a **Decisão-quadro 2003/577/JAI** do Conselho de 22 de Julho de 2003[67].

Ela estabelece as regras segundo as quais um Estado-Membro reconhece e executa no seu território uma **decisão de congelamento de bens ou de provas tomada por uma autoridade judiciária** de outro Estado-Membro no âmbito de um processo penal, para efeito de recolha de provas ou subsequente perda desses bens.

Foi fixado o prazo de 2 de Agosto de 2005 para os Estados-Membros tomarem as necessárias medidas para darem cumprimento a esta Decisão-quadro.

Já a supra referida Convenção só entrará em vigor em toda a União Europeia quando todos os Estados-Membros a adoptam segundo as respectivas normas constitucionais.

---

[67] JO, L – 196, de 2.8.2003.

IV. O 11 DE SETEMBRO DE 2001 E A UNIÃO EUROPEIA

11. Todo o mundo, não apenas os Estados – Unidos ficou espantado e alarmado com a magnitude dos atentados do **11 de Setembro de 2001**. Em Nova York e Washington foram destruídos total e parcialmente dois dos mais significativos símbolos da América – Twin Towers e o Pentágono – e feitas milhares de vítimas inocentes.

A primeira potência económica, militar e política do mundo foi atacada no seu próprio coração por agentes externos.

As ondas de choque não se fizeram esperar na Europa!

Em 21 de Setembro de 2001, em Bruxelas, houve uma reunião informal e extraordinária do **Conselho Europeu**, para "analisar a situação internacional na sequência dos atentados terroristas nos Estados e de dar o impulso necessário às acções da União Europeia".

Depois de protestar a sua solidariedade com o povo americano e a cooperação com os Estados Unidos, **o Conselho Europeu reafirmou o combate ao terrorismo como objectivo prioritário da União Europeia**.

Para tanto aprovou um **plano de acção** de cinco pontos: reforço da cooperação policial e judiciária, desenvolvimento dos instrumentos jurídicos internacionais, erradicação do financiamento do terrorismo, reforço da segurança aérea e coordenação da acção global da União Europeia.

Mereceu especial destaque o **reforço da cooperação policial e judiciária** e o combate ao **financiamento do terrorismo**, pelo que a seguir se transcrevem as respectivas conclusões.

"Dentro do espírito das suas conclusões de Tampere, o Conselho Europeu dá o seu acordo à **instauração do mandato de captura europeu**, bem como à **adopção de uma definição comum de terrorismo**. Esse mandato virá substituir o sistema actual de extradição entre os Estados--Membros. Com efeito, os procedimentos de extradição actuais não reflectem o nível de integração e de confiança entre os Estados-Membros da

União Europeia. Desta forma, o mandato de captura europeu permitirá a entrega directa, de uma autoridade judiciária a outra, das pessoas procuradas. Paralelamente, **serão garantidos os direitos e liberdades fundamentais**.

O Conselho Europeu encarrega o Conselho de Justiça e Assuntos Internos de precisar os termos deste acordo e de estabelecer urgentemente as respectivas modalidades, o mais tardar na sua sessão de 6 e 7 de Dezembro de 2001.

Além disso, o Conselho Europeu encarrega o Conselho Justiça e Assuntos Internos de **pôr em prática o mais rapidamente possível todo o pacote de medidas aprovadas no Conselho Europeu de Tampere**.

O Conselho Europeu solicita ao Conselho Justiça e Assuntos Internos que faça proceder à **identificação dos presumíveis terroristas na Europa e das Organizações que os apoiam**, com vista a elaborar uma lista comum de organizações terroristas. Neste contexto, impõe-se uma **melhor cooperação e uma melhor troca de informações entre todos os serviços de informações da União**.

Os Estados Membros partilharão com a Europol, imediatamente e de forma sistemática, **todos os dados úteis em matéria de terrorismo**. No seio da Europol, será constituída o mais rapidamente possível uma **equipa de especialistas** em combate ao terrorismo. Essa equipa colaborará estreitamente com os seus homólogos americanos.

O Conselho Europeu exprime o desejo de que seja concluído até ao final do ano um **acordo de cooperação entre a Europol e as autoridades competentes americanas**".

Não é menos significativa, a determinação contida na conclusão relativa ao **financiamento do terrorismo**.

"**A luta contra o financiamento do terrorismo** constitui uma vertente decisiva. É necessária uma **acção internacional enérgica** para conferir a essa luta toda a sua eficácia. A União Europeia contribuirá plenamente para esse fim. Para o efeito, o Conselho Europeu solicita aos Conselhos Ecofin e Justiça e Assuntos Internos que tomem as medidas necessárias para combater todas as formas de financiamento das actividades terroristas, nomeadamente adoptando, nas próximas semanas, o **alargamento da Directiva sobre branqueamento de capitais** e a **Decisão-quadro relativa ao congelamento de haveres**. O Conselho Europeu solicita aos Estados-Unidos que assinem e ratifiquem urgentemente a Convenção das Nações Unidas para a Repressão do financiamento do Terrorismo. Além disso, serão tomadas medidas contra as jurisdições e territórios não cooperantes identificados pelo Grupo de Acção Financeira".

Algumas destas medidas como por ex. o mandado de detenção europeu já haviam sido previstas como prioritárias no "programa de medidas destinadas a aplicar o princípio do reconhecimento mútuo das decisões penais", adoptado pela Comissão e pelo Conselho e publicado no JO, C – 12, de 15.1.2001.

De sublinhar a proclamação de que a União Europeia velará por que a adopção de todas as medidas "**seja conciliada com o respeito das liberdades fundamentais que constituem a base da nossa civilização**.

Premonitoriamente deixa-se antever que tal poderá não suceder – e não sucedeu – com as medidas anti-terrorismo implementadas nos Estados Unidos (veja-se Guantanamo e legislação "patriótica" aprovada).

12. Dentre as medidas que subsequentemente vieram a ser concretizadas destacam-se as Decisões-quadro do Conselho de 13 de Junho de 2002, relativas "**à luta contra o terrorismo**[68]", "**às equipas de investigação conjuntas**[69]" e "**ao mandado de detenção europeu**[70] e aos processos de entrega entre os Estados-Membros".

Começaremos por estas duas últimas Decisões-quadro, dado o seu carácter abrangente e procedimental.

As **equipas de investigação conjunta**, como instrumento de cooperação entre os serviços policiais apropriados pela Europol, foram contempladas pelo art. 30.º, n.º 2 do Tratado de Maastricht.

O Conselho Europeu de Tampere, de 15 e 16 de Outubro de 1999, apelou a sua institucionalização urgente para combate do tráfico de droga e de seres humanos assim como contra o terrorismo.

O art. 13.º da Convenção relativa ao auxílio judiciário mútuo em matéria penal[71], atribuía ao Conselho o encargo de regular a sua criação e modo de funcionamento.

O 11 de Setembro de 2001 veio acelerar a necessidade urgente de tal criação.

---

[68] JO, L – 164, de 22.6.2002.
[69] JO, L – 162, de 20.6.2002.
[70] JO, L – 190, de 18.7.2002.
[71] JO, L – 351, de 29.12.1998.

A Decisão-quadro do Conselho de 13 de Junho de 2002 fez o enquadramento jurídico deste instrumento de cooperação policial segundo as seguintes linhas de força.

Por um lado, as equipas de investigação serão criadas **a pedido** de qualquer Estado-Membro com objectivo específico e com proposta concreta quanto à sua composição e período limitado de actuação.

Por outro, pressupõem o **comum acordo de dois ou mais Estados-Membros** e só actuam no território destes e em conformidade com a legislação do Estado-Membro em que decorre a sua criação pode ser objecto de sugestão, ou até pedido fundamentado da **Europol**[72].

O prazo de cumprimento desta Decisão-quadro pelos Estados-Membros foi fixada em 1 de Janeiro de 2003[73] e até 1 de Julho de 2004 a Comissão deverá apresentar ao Conselho um relatório sobre a sua execução.

13. **A consagração do mandato de detenção europeu**, mais vinculativo para os Estados-Membros mas também mais **interferente na respectiva soberania nacional**, é uma das consequências indirectas de 11 de Setembro de 2001 na União Europeia.

O princípio da simplificação e eficácia dos processos de extradição fazia parte integrante do acervo comunitário desde a Convenção de aplicação do Acordo de Shengan de 14 de Junho de 1985.

A aprovação do mandato de detenção europeu pela Decisão-quadro do Conselho de 13 de Junho de 2002, foi mais longe e **substituiu** nas relações entre os Estados-Membros **todos os anteriores instrumentos em matéria de extradição**, sendo a primeira concretização no domínio do direito penal do **princípio do reconhecimento mútuo** em matéria de cooperação judiciária.

O mandato de detenção europeu é antes de mais **uma decisão duma autoridade judiciária** e pode ser emitida num Estado-Membro para detenção e entrega por outro Estado-Membro duma determinada pessoa.

Tanto se dirige a uma pessoa procurada para efeitos de **procedimento penal pendente** no Estado-Membro emitente como para **cumprimento duma pena ou medida de segurança privativas de liberdade** aí decretadas.

---

[72] Cfr. supra n.º 6.
[73] Esta Decisão-quadro foi transposta para a ordem jurídica portuguesa pela Lei n.º 48/2003, de 22 de Agosto.

Aplica-se às seguintes infracções tipificadas na Decisão-quadro: participação numa organização criminosa; terrorismo; tráfico de seres humanos; exploração sexual de crianças e pedopornografia; tráfico ilícito de estupefacientes e de substâncias psicotrópicas; tráfico ilícito de armas, munições e explosivos; corrupção; fraude, incluindo a fraude lesiva dos interesses financeiros das Comunidades Europeias na acepção da convenção de 26 de Julho de 1995, relativa a protecção dos interesses financeiros das Comunidades Europeias; branqueamento dos produtos do crime; falsificação de moeda, incluindo a contrafacção do euro; cibercriminalidade; crimes contra o ambiente, incluindo o tráfico ilícito de espécies animais ameaçadas e de espécies e essências vegetais ameaçadas; auxílio à entrada e à permanência irregulares; homicídio voluntário, ofensas corporais graves; tráfico ilícito de órgãos e de tecidos humanos; rapto, sequestro e tomada de reféns; racismo e xenofobia; roubo organizado ou à mão armada; tráfico de bens culturais incluindo antiguidades e obras de arte; burla; extorsão de protecção e extorsão; contrafacção e piratagem de produtos; falsificação de documentos administrativos e respectivo tráfico; falsificação de meios de pagamento; tráfico ilícito de substâncias hormonais e outros factores de crescimento; tráfico ilícito de materiais nucleares e radioactivos; tráfico de veículos roubados; violação; fogo posto; crimes abrangidos pela jurisdição do Tribunal Penal Internacional; desvio de avião ou navio; sabotagem.

Os casos de possibilidade de **não execução do mandado** de detenção estão elencados e basicamente assentam na garantia do princípio *non bis in idem*[74].

A sua execução tem um regime diferenciado em função do consentimento ou recusa da pessoa procurada.

No caso de **recusa, a pessoa procurada** tem direito a ser ouvida pela autoridade judiciária da execução, em conformidade com o respectivo direito nacional.

Acresce que a autoridade judiciária de execução a pedido da autoridade judiciária que emitiu o mandado de detenção ou por sua própria ini-

---

[74] Obviamente já não se prevê a não execução do mandado por o detido ser nacional do Estado-Membro requerido. O art. 7.º da Convenção relativa à extradição entre os Estados-Membros, de 27 de Setembro de 1997 (Dublin) acabou com essa proibição de extradição que era tradicional em muitos países. A revisão de 1997, alterou o art. 33.º da Constituição, pelo que em Portugal essa proibição deixou de ser regra.

ciativa **pode apreender e remeter também bens que possa servir de prova** dos factos integradores do crime ou que tenham sido **adquiridas em resultado do crime**.

Foi fixado até 31 de Dezembro de 2003 o prazo para os Estados-Membros darem cumprimento às disposições desta Decisão-quadro[75].

Como se pode compreender este regime é do maior alcance prático no que respeita à construção de um espaço coerente e amplo de liberdade, segurança e justiça na União Europeia através de uma estreita cooperação judiciária em matéria penal entre os Estados-Membros.

Também aqui se leva mais longe a **abolição das fronteiras terrestres entre os Estados-Membros**, traduzindo um elevado grau de confiança entre eles.

Ponto é que todos incorporem tempestivamente nos respectivos ordenamentos jurídicos estas disposições, o que até ao momento se não verificou.

Trata-se pois dum instrumento jurídico que ao contrário dos demais característicos do 3.º pilar (p. ex. as equipas de investigação conjunta) **não depende para a sua implementação concreta de prévio acordo dos Estados-Membros**.

14. Finalmente a **Decisão-quadro relativa à luta contra o terrorismo**, sobretudo pela sua importância e actualidade face aos sangrentos atentados de 11 de Março de 2004 em Madrid.

Dos considerandos esta Decisão-quadro, vê-se claramente que **a luta contra o terrorismo se inscrevia de há muito tempo nas principais preocupações da União Europeia**.

Ela esteve presente na reunião informal do Conselho de 14 de Outubro de 1995 (Declaração de La Gomera) nas conclusões dos Conse-

---

[75] Em Portugal o cumprimento desta Decisão-quadro foi feito pela Lei n.º 65/2003, de 23 de Agosto.

O legislador português nesta transposição deixou-se influenciar ainda pelo regime da extradição ao atribuir ao Tribunal da Relação – 2ª Instância – competência para o "processo judicial de execução de mandado de detenção" (art. 15.º e seguintes).

Aliás no art. 2.º, n.º 2 refere expressamente que "será concedida a **extradição** com origem num mandado de detenção europeu". Ora a lógica deste mecanismo é totalmente diferente da extradição. O mandado é uma **ordem** do juiz nacional a executar em qualquer Estado-Membro. A extradição é um **pedido** sujeito a um processo jurisdicional.

lhos Europeus, de Tampere de 15 e 16 de Outubro de 1999, e de Santa Maria da Feira de 19 e 20 de Junho.

Em 5 de Setembro de 2001, o Parlamento Europeu aprovou uma recomendação sobre a luta contra o terrorismo.

Ao nível das medidas concretas o considerando 5 daquela Decisão--quadro é significativa.

A União Europeia tomou numerosas medidas específicas para lutar contra o terrorismo e o crime organizado, tais como a **Decisão do Conselho, de 3 de Dezembro de 1998**, que confere poderes à Europol para tratar das infracções cometidas, ou susceptíveis de serem cometidas, no âmbito de actividades de terrorismo que atentem contra a vida, a integridade física, a liberdade das pessoas e os bens[76]; a **Acção Comum 96//610/JAI do Conselho, de 15 de Outubro de 1996**, relativa à criação e actualização de um reportório de competências, técnicas e conhecimentos específicos em matéria de luta contra o terrorismo para facilitar a cooperação entre os Estados-Membros da União Europeia neste domínio[77]; a **Acção Comum 98/428/JAI do Conselho, de 29 de Junho de 1998**, que cria uma rede judiciária europeia[78]; com competências em matéria de infracções terroristas (ver nomeadamente o seu artigo 2.°); a **Acção Comum 98/733/JAI do Conselho, de 21 de Dezembro de 1998**, relativa à incriminação da participação numa organização criminosa nos Estados--Membros da União Europeia[79]; e a **Recomendação do Conselho, de 9 de Dezembro de 1999**, relativa à cooperação na luta contra o financiamento de grupos terroristas[80].

O regime desta Decisão-quadro arranca de **duas linhas de força fundamentais**: aproximação em todos os Estados-Membros da **definição de infracções terroristas** e reconhecimento de que a acção anti-terrorista será mais eficaz se realizada ao nível da União Europeia de que unilateralmente por cada Estado-Membro (**princípio da subsidiariedade**).

De sublinhar que no seu considerando 10, o legislador deixou expresso o **respeito pelos direitos fundamentais** tal como se encontram garantidas pela Convenção Europeia da Salvaguarda dos Direitos Huma-

---

[76] JO, C – 26, de 30.1.1999, p. 22.
[77] JO, L – 273, de 25.10.1996, p. 1.
[78] JO, L – 191, de 7.7.1998, p. 4.
[79] JO, L – 351, de 29.12.1998, p. 1.
[80] JO, C – 373, de 23.12.1999, p. 1.

nos e das Liberdades Fundamentais e pelos princípios constitucionais comuns dos Estados-Membros.

Aliás, reafirmando a proclamação inserida no plano de acção aprovado pelo Conselho Europeu de Bruxelas de 21 de Setembro de 2001 (ver supra n.º 8).

15. A definição das infracções terroristas passa pela descrição de **actos típicos**, susceptíveis de "**afectar gravemente um país ou uma organização internacional**", praticados **internacionalmente com o objectivo de**:

a) intimidar gravemente uma população, ou

b) constranger indevidamente os poderes públicos, ou uma organização internacional, a praticar ou a abster-se de praticar qualquer acto, ou

c) desestabilizar gravemente ou destruir as estruturas fundamentais políticas, constitucionais, económicas ou sociais de um país ou de uma organização internacional.

As acções terroristas internacionais e típicas são as seguintes:

a) As ofensas contra a vida de uma pessoa que possam causar a morte;

b) As ofensas graves à integridade física de uma pessoa;

c) O rapto ou a tomada de reféns;

d) O facto de provocar destruições maciças em instalações governamentais ou públicas, nos sistemas de transporte, nas infra-estruturas, incluindo os sistemas informáticos, em plataformas fixas situadas na plataforma continental, nos locais públicos ou em propriedades privadas, susceptíveis de pôr em perigo vidas humanas, ou de provocar prejuízos económicos consideráveis;

e) A captura de aeronaves e de navios ou de outros meios de transporte colectivos de passageiros ou de mercadorias;

f) O fabrico, a posse, a aquisição, o transporte, o fornecimento ou a utilização de armas de fogo, de explosivos, de armas nucleares, biológicas e químicas, assim como a investigação e o desenvolvimento de armas biológicas e químicas;

g) A libertação de substâncias perigosas, ou a provocação de incêndios, inundações ou explosões, que tenham por efeito pôr em perigo vidas humanas;

h) A perturbação ou a interrupção do abastecimento de água, electricidade ou de qualquer outro recurso natural fundamental, que tenham por efeito pôr em perigo vidas humanas;

i) A ameaça de praticar um dos comportamentos enumerados nas alíneas a) a h).

É de sublinhar a preocupação do legislador comunitário em não tomar posição sobre o "bom ou mau terrorismo" em função dos concretos fins políticos das acções terroristas.

Só a **desestabilização grave**, para além da consensual **destruição das "estruturas** políticas, constitucionais, económicas ou sociais de um país" é elegível para a caracterização da infracção terrorista.

O que deixa uma certa margem de discricionariedade senão ao legislador nacional ao órgão jurisdicional aplicador do direito[81].

O legislador comunitário preocupou-se em definir o **conceito de "grupo terrorista** e a punibilidade agravada e diferenciada dos respectivos **dirigentes e participantes directos ou indirectos**. A previsão de **infracções relacionadas** com actividades terroristas (roubo agravado, chantagem e produção de falsos documentos administrativos), bem como da **instigação, cumplicidade e tentativa** das infracções terroristas "**cometidas por**

---

[81] Esta Decisão-quadro foi transposta para o ordenamento jurídico português pela Lei n.º 52/2003, de 22 de Agosto. A propósito desta discricionariedade, nota-se que o legislador português parece ter ido além e ficado aquém das disposições da Decisão--quadro.

Parece ter ido além quando incriminou p.ex. a intimidação de certas pessoas ou grupo de pessoas ou o simples **prejuízo** da integridade ou independência nacional ou até de funcionamento das instituições. É que nestes casos a Decisão-quadro prevê **intimidação grave duma população** ou **desestabilização grave** das estruturas políticas e constitucionais.

Ficou aquém ao incriminar apenas os "agrupamentos de duas ou mais pessoas", passando ao lado de actos individuais.

O conceito de terrorismo, para efeitos da sua criminalização ou condenação pelas Nações Unidas tem sido objecto da larga controvérsia. Kofi Annan em Março de 2005 na Conferência de Madrid instou os Estados e os dirigentes nestes termos apelativos. "Afirmemos claramente que qualquer acção que vise causar a morte ou provocar danos corporais graves a civis ou não combatentes, com o objectivo de intimidar uma população ou obrigar um governo ou uma organização internacional a fazer ou deixar alguma coisa, é uma forma de terrorismo. Esta definição teria uma enorme força moral. Peço insistentemente a todos os dirigentes mundiais que se unam em torno dela".

conta delas por qualquer pessoa "individual com poder para o efeito, bem como as sanções específicas a elas aplicáveis, foi consagrada em detalhe.

Para garantir eficácia ao procedimento criminal relativamente às infracções terroristas com pontos de conexão material ou pessoal que atravessem mais que um Estado-Membro foram definidos **critérios de atribuição cumulativa de competências e obrigação de cooperação**.

O objectivo principal do legislador comunitário nesta matéria foi **centralizar o procedimento criminal "se possível num único Estado--Membro"**.

O sistema de penas mínimas impostas pela Decisão-quadro e a tipificação das infracções terroristas faz com que tenha integral aplicação o regime do **mandado europeu de detenção**.

O que é da maior eficácia sobretudo na fase do procedimento criminal, quer no que respeita à detenção de suspeitos quer no que concerne à apreensão de bens que constituam provas da infracção ou o seu resultado.

Foi fixado o prazo de 31 de Dezembro de 2002 para os Estados--Membros darem cumprimento a esta Decisão-quadro, o que até ao momento se não verificou inteiramente.

Sublinha-se por fim a importância da Decisão 2003/48/JAI do Conselho de 19 de Dezembro de 2002 relativa à aplicação de medidas específicas de cooperação policial e judiciária, onde se preconiza a criação de equipas de **investigação conjunta para actos terroristas** e a acessibilidade e **disponibilidade da respectiva informação** para os Estados--Membros interessados.

16. Conforme atrás se sublinhou a propósito da proclamação do Conselho Europeu de 21 de Setembro de 2001 em Bruxelas, **na sequência dos atentados terroristas** nos Estados-Unidos (11 de Setembro de 2001) a adopção das medidas necessárias para o seu combate na União Europeia deverá ser conciliado com o **respeito das liberdades fundamentais que constituem a base da nossa civilização.**

Esta preocupação da União Europeia releva quer "nas acções contra o **terrorismo** quer nas acções contra a **criminalidade grave transfronteiriça** que é o substrato de todo o regime comunitário da cooperação judicial e policial".

Só no respeito das liberdades fundamentais que constituem a base da civilização da Europa se pode constituir o Espaço de Liberdade Segurança e Justiça.

O **art. 6.º do Tratado da União Europeia** determina que a União respeitará os direitos fundamentais tal como as garante a Convenção Europeia de Salvaguarda dos Direitos do Homem e das Liberdades Fundamentais e tal como resultou das tradições constitucionais comuns dos Estados-Membros.

A **Carta dos Direitos Fundamentais da União Europeia**, aprovada em Dezembro de 2000 pela Comissão Europeia, pelo Conselho e pelo Parlamento integra hoje a **parte II da Constituição para a Europa**.

Nela se consagra a proibição da tortura e dos tratos ou penas desumanas ou degradantes, o direito à não descriminação, o direito a um tribunal imparcial, a presunção de inocência e direitos de defesa e os princípios de legalidade e proporcionalidade dos direitos e das penas.

Esta preocupação da Comissão Europeia enformou o **Livro Verde para o estabelecimento de regras mínimas comuns nos Estados-Membros** sobre as garantias processuais a conceder às pessoas suspeitas, arguidas, julgadas e condenadas pela prática de infracções penais.

Aliás na sequência das conclusões do Conselho de Tampere, e do programa de medidas, adoptadas pelo Conselho em 29 de Novembro de 2000.

Na parte introdutória deste programa deixava-se expresso que e princípio do reconhecimento mútuo das decisões penais "deverá permitir não só o reforço da cooperação entre os Estados-Membros, mas também **a protecção dos direitos das pessoas**".

Obviamente das pessoas suspeitas ou arguidas de infracções penais.

A aplicação do princípio do reconhecimento mútuo das decisões penais exige assim, **que a União Europeia ofereça um nível equivalente de protecção aos suspeitos e arguidos em todos os seus Estados-Membros**.

Tal só será conseguido através de estabelecimento dum conjunto básico de regras mínimas comuns de garantias processuais dos suspeitos e arguidos, incluindo estrangeiros.

Daí que o Livro Verde tivesse posto à consideração dos interessados os seguintes pontos:

- Acesso dos suspeitos e arguidos à representação por **defensor, tanto antes como durante o processo.**
- Acesso à **interpretação e a tradução.**
- Comunicação aos suspeitos e arguidos dos seus direitos (**Carta de Direitos**).

– Garantia de protecção adequada em especial para os **suspeitos e arguidos vulneráveis**.
– **Assistência consular** aos detidos estrangeiros.

Sobre estas questões foram elaboradas 32 perguntas.

A Comissão recebeu 78 respostas escritas a tal questionário além de outras reacções por correio electrónico telefone e outras vias.

A esmagadora maioria das reacções subscrevia a proposta da Comissão no sentido de estabelecer regras mínimas comuns sobre garantias processuais dos arguidos ou suspeitos de infracções penais.

17. Foi assim que subsequentemente surgiu a **proposta de decisão quadro do Conselho** relativa a certos direitos processuais no âmbito dos processos penais na União Europeia (SEC(2004) 491).

Esta Decisão-quadro é uma **primeira etapa** a que outras seguirão.

Conforme se deixa claro na respectiva exposição de motivos, "**os domínios em que são propostas normas mínimas nesta primeira etapa são as seguintes:**

– Acesso à assistência de um advogado, quer antes quer durante o processo.
– Acesso gratuito aos serviços de um intérprete e de um tradutor.
– Garantia de que as pessoas que não sejam capazes de compreender ou acompanhar o processo beneficiam de uma atenção adequada.
– Direito de comunicar, nomeadamente, com as autoridades consulares no caso de suspeitos estrangeiros, e
– Informação dos suspeitos dos direitos que lhes assistem (fornecendo-lhes uma "declaração de direitos" escrita).

A decisão de apresentar propostas relativamente a estes cinco direitos nesta primeira fase foi tomada pelo facto de estes direitos se revestirem de particular importância no contexto de reconhecimento mútuo, já que contêm um elemento transnacional que não caracteriza os outros direitos relativos a um processo equitativo, com excepção do direito à **liberdade provisória mediante caução, que será abordado num futuro livro verde**".

"**Está prevista a adopção de outras medidas nos próximos anos**. Não se pretende veicular a ideia de que estes cinco direitos são mais importantes de que outros, mas simplesmente de que são mais imediatamente pertinentes para o reconhecimento mútuo e para os problemas que surgiram até à data no âmbito do debate sobre as medidas em matéria de reconhecimento mútuo. A Comissão já começou a examinar a necessidade de garantias **relativamente a um tratamento equitativo na obtenção e tratamento dos elementos** de prova na UE. **Os direitos decorrentes da presunção de inocência** (incluindo o direito ao silêncio, o direito a não testemunhar contra si próprio e as normas que regem o ónus da prova) **serão também examinados**. A primeira avaliação destes trabalhos, que já tiveram início, por parte da Comissão será divulgada em 2004.

A implementação de todas estas regras mínimas comuns a todos os Estados-Membros, vem assim coroar o conjunto de instrumentos que visam a implementação da cooperação policial e judiciária.

Ela é **fundamental para a eficácia da Eurojust e da Europol** e consequentemente para a criação da **Procuradoria Europeia** prevista na Constituição para a Europa.

Só assim a União Europeia poderá garantir em todos os Estados-Membros um **nível equivalente de protecção** dos suspeitos e arguidos nos processos penais a desencadear pela Procuradoria Europeia.

A importância e urgência destas matérias é tal que o Conselho Europeu de Bruxelas (4/5 de Novembro de 2004) recomendou a aprovação até final de 2005 dum projecto de Decisão-quadro relativa a certos direitos processuais no âmbito dos **processos penais na União Europeia**, bem como a Decisão-quadro sobre o **mandado europeu de obtenção de provas**.

V. OS ATENTADOS TERRORISTAS DE 11 DE MARÇO DE 2004 EM MADRID

18. Os atentados terroristas de 11 de Março de 2004 subitamente despertaram uma União Europeia que parecia esquecida do 11 de Setembro de 2001.

Agora é o terrorismo fundamentalista islâmico a instalar-se no seu território, primeiro em Espanha e depois potencialmente noutros Estados-Membros.

Um terrorismo global sem limites éticos quanto aos meios e indiferente à extensão e gravidade dos danos pessoais e materiais.

Tal como aquando dos atentados de 11 de Setembro de 2001 a Comissão e o Conselho Europeu apressaram-se a reunir e deliberar medidas de prevenção e combate anti-terrorismo.

Em 18 de Março de 2004 a Comissão aprovou um documento definindo cinco eixos da **proposta a fazer a União Europeia** para responder aos atentados terroristas.

Dentre eles sublinham-se os que constituem **reposição** das medidas proclamadas pelo Conselho Europeu na sequência dos atentados terroristas de 11 de Setembro de 2001:

– **O melhoramento da implementação** dos instrumentos legislativos existentes em matéria de luta contra o terrorismo e adopção dos projectos de medidas já apresentadas ao Conselho;

– **O reforço** da luta contra o **financiamento do terrorismo**;

– **O reforço da coordenação** das acções policiais e de cooperação judiciária.

Reconhecendo que a implementação das medidas legislativas para lutar contra o terrorismo é "lenta, medíocre e insuficiente", a Comissão insiste na urgência da inclusão no ordenamento jurídico e na prática de todos os Estados-Membros:

– Das Decisões-quadro do **mandado de detenção europeu**, da **luta contra o terrorismo**, das **equipas de investigação comum**, da execução das decisões de **congelamento de bens ou elementos de prova**;
– Da convenção relativa ao **auxílio judiciário mútuo** em matéria penal;
– Da decisão do Conselho relativo à aplicação de medidas específicas de **cooperação policial e judiciária** em matéria da luta contra o terrorismo.

Para além disso recomenda ao Conselho JAI a prioridade na aprovação de projectos de instrumentos legislativos relativos ao **confisco dos produtos dos instrumentos e dos bens do crime**, dos ataques visando o **sistema de informação** (ciberterrorismo), **ao mandado europeu de obtenção de provas**.

O reforço da luta contra o financiamento do terrorismo, o reforço da coordenação das acções e da cooperação, sobretudo ao nível da intensificação da troca de informações entre as autoridades nacionais e os organismos da U.E., contrariando "a cultura do segredo", foram outras as preocupações expressas pela Comissão[82].

19. Subsequentemente **o Conselho Europeu** na sua Declaração sobre a luta contra o terrorismo de **25 de Março de 2004**, retoma as preocupações e recomendações expressas pela Comissão.

Por seu turno **recomenda a adopção doutras medidas** que passam pelo estabelecimento de regras de conservação de dados relativos ao tráfico das comunicações, pela troca de informações sobre condenações por infracções terroristas, pela perseguição transfronteiriça, pelo registo europeu de condenações e interdições por uma base de dados para análises de

---

[82] Além destas, a Comissão preconiza um **diálogo** com países terceiros sobre o terrorismo, especialmente com os que comprovadamente **representam uma ameaça terrorista** ou abrigam uma actividade terrorista específica p.ex. de recrutamento ou formação ou financiamento do terrorismo.

Curiosamente esta acção externa não foi explicitamente retomada pelo Conselho Europeu na Declaração de 25 de Março de 2004.

política científica, e pela simplificação da troca de informações entre os serviços requisitos dos Estados-Membros.

O Conselho Europeu insiste pelo **reforço do papel da Europol e reactivação da "task force" da luta anti-terrorista**, pedindo àquele organismo que ponha no terreno o seu sistema de informações.

O controlo do fabrico e comercialização de armas de fogo, explosivos, material para fabrico de bombas e tecnologias utilizadas nos atentados, foi também uma das medidas que deveriam ser objecto de estudo e solução.

No que respeita à **prevenção do financiamento do terrorismo** o Conselho pediu a todos os Estados-Membros que notificassem e implementassem a Convenção das Nações Unidas de 1999 e transpusessem a Resolução n.º 1373 do Conselho de Segurança das Nações Unidas sobre o congelamento de bens.

O aspecto mais visível desta reunião do Conselho Europeu foi a criação do posto de **Coordenador da luta conta o terrorismo**, que exercerá as suas funções no seio do Secretariado do Conselho.

Para o efeito, desde logo nomeou o respectivo titular.

Finalmente, o Conselho Europeu aprovou uma **proclamação de solidariedade contra o terrorismo**, em que todos os quinze Estados-Membros da União Europeia e os dez que iriam aderir a partir de 1/5/2004 no espírito da cláusula de solidariedade do art. 42.º do Tratado sobre a Constituição para a Europa, se comprometem a agir em conjunto, incluindo com meios militares, se um deles for vítima de atentado terrorista.

A preocupação da luta contra o terrorismo aparece reforçada nas conclusões do **Conselho Europeu de Bruxelas, 4/5 de Novembro de 2004**.

Aí se "exige que os Estados-Membros não limitem as suas actividades à manutenção da sua própria segurança, mas se centrem igualmente na **segurança da União como um todo**".

Para tanto insiste-se na necessidade de um cada vez maior intercâmbio de informações entre as autoridades dos Estados-Membros e o maior recurso à Eurojust e Europol.

Vai-se ao ponto de preconizar que a partir de 1 de Janeiro de 2008 passe a aplicar-se o **princípio da disponibilidade** entre os funcionários responsáveis pela aplicação da lei em cada Estado-Membro.

Existe já um projecto de Decisão-quadro relativo à simplificação de intercâmbios de dados e informações entre autoridades de aplicação da lei dos Estados-Membros da União Europeia nomeadamente sobre infracções graves **incluindo actos de terrorismo** (doc. COM (2004) 221).

Aquele Conselho Europeu aprovou, cinco anos após o Conselho Europeu de Tampere, o **Programa de Haia** para desenvolver o espaço de liberdade, segurança e justiça, para além doutras áreas, na luta contra o terrorismo e a criminalidade organizada, a justiça e a cooperação policial nos próximos cinco anos.

VI. AVALIAÇÃO DOS INSTRUMENTOS DO 3.º PILAR

20. Como fica claro os instrumentos adoptados na União Europeia para a luta contra o terrorismo, aliás como contra o crime grave organizado e transnacional, são os do 3.º pilar ou os instrumentos tradicionais do direito internacional público.

A ineficácia destes mecanismos está por demais evidenciada, quer pelo processo demorado da sua aprovação e entrada em vigor quer pelas dificuldades da sua implementação no terreno.

Isso mesmo foi reconhecido no **relatório final do Grupo de Trabalho** X "Liberdade, Segurança e Justiça da **Convenção Europeia**.

Na verdade ao debruçar-me sobre a cooperação policial e judiciária em matéria penal aquele relatório afirma a necessidade de **urgente reforma dos instrumentos jurídicos do terceiro pilar** (artigo 34.º do TUE).

Com efeito a maior parte das convenções adoptadas pelo Conselho não estão ainda ratificadas, sendo muito difícil modificar as convenções existentes (p. ex. as convenções Europol).

Não tendo as decisões-quadro e as decisões efeito directo fica entrevada consideravelmente a implementação concreta de iniciativas importantes com o mandato de detenção europeu.

Daí que aquele Grupo de Trabalho recomende a **supressão das convenções e a sua substituição por regulamentos ou directivas com efeito directo**.

Se a convenção Europol fosse transformada em regulamento poderia o Conselho adoptar mais facilmente o seu texto à evolução constante da situação e tornar mais eficaz o processo de decisão na gestão daquele organismo europeu.

Na mesma linha foi reafirmado a necessidade de reaproximação das disposições de direito penal e processual penal dos Estados-Membros e recomendada a **consagração formal no tratado de princípio do reconhecimento mútuo das decisões judiciais**.

Houve no Grupo de Trabalho um consenso alargado em reconhecer que a actual colaboração operacional repartida entre as autoridades policiais e judiciárias dos Estados-Membros, Europol, Eurojust e OLAF, não era suficientemente eficaz, transparente e responsável.

21. Esta insatisfação aparece de algum modo reflectida no **relatório de actividade de 2003 da Eurojust**, apesar deste organismo só em 2002 ter sido instalado e iniciado a sua actividade.

A este respeito é significativo o preâmbulo desse relatório subscrito pelo Presidente do Colégio Eurojust, de que se extrai o seguinte passo:

"O Colégio não considera que a capacidade da Eurojust relativamente ao tratamento de casos tenha sido totalmente explorada. Muitos dos casos multilaterais importantes que estão a ser tratados nos Estados-Membros não estão a ser comunicados à Eurojust. Acreditamos que, em muitos destes casos, a contribuição da Eurojust seria altamente vantajosa. Divulgar a mensagem de que a intervenção da Eurojust pode ser uma mais-valia na luta contra as formas de criminalidade organizada transfronteiriça representa uma parte vital do nosso trabalho.

Alguns Estados-Membros terão de introduzir alterações nos respectivos ordenamentos jurídicos internos, o que os tem impedido de observar o prazo limite de execução da Decisão Eurojust. Estamos certos de que tal facto teve um impacto negativo no tratamento de casos por parte da Eurojust. Em particular, é necessário que todos os membros nacionais tenham acesso a todas as informações, condição absolutamente necessária para o desempenho das suas funções. Alguns membros nacionais competentes. Acreditamos que tal se deve, em grande parte, à ausência de legislação do desenvolvimento da Decisão Eurojust.

Será necessário clarificar e definir as competências de cada membro nacional, com o respectivo reconhecimento nos ordenamentos jurídicos internos. Vários dos membros nacionais ainda não beneficiaram de tal clarificação e definição, o que tem restringido claramente a sua capacidade de acção nos seus países de origem.

Embora o Colégio seja sensível a uma intensa produção legislativa interna, **solicitamos aos Estados-Membros***, sempre que exi-*

gido pelos respectivos ordenamentos jurídicos, que dêem **prioridade à elaboração do necessário enquadramento jurídico, que permita a acção dos membros nacionais da Eurojust em conformidade com a Decisão Eurojust.** *Só assim poderá o Colégio alcançar o sucesso e os níveis de eficiência desejados pelos Governos dos Estados-Membros quando do lançamento da ideia de criação da Eurojust, na Cimeira de Tampere, em 1999".*

No que respeita ao imprescindível relacionamento com a Europol, em finais de 2003, "após prolongadas negociações", foi celebrado um acordo provisório de cooperação.

Também nesta matéria o referido relatório exprime o desapontamento da Eurojust.

São parcos, quer em quantidade quer em importância, os casos tratados em 2003 pela Eurojust, sobretudo a nível multilateral.

Pela sua actualidade merece ser sublinhada a intervenção da Eurojust num processo multilateral de **terrorismo**.

"Este caso foi submetido ao membro nacional italiano na Eurojust por procuradores que tratavam de uma investigação relativa a **terrorismo fundamentalista**. Relacionava-se com uma organização subversiva que actuava em conjunto com grupos ligados à Al-Quaeda, principalmente com o propósito de apoiar acções terroristas. Os investigadores italianos conseguiram detectar algumas ligações com a Espanha, o Reino Unido, a França e a Alemanha. Em Junho de 2003, num primeiro passo o procurador dirigiu cartas rogatórias às autoridades competentes dos referidos países, a fim de obter informações sobre questões específicas sob investigação. A gravidade dos alegados crimes e os suspeitos em causa impunham uma célere execução das cartas rogatórias. O investigador italiano conhecia a Eurojust e as responsabilidades desta, pelo que consultou a Unidade solicitando o seu apoio para a execução das cartas rogatórias e para uma reunião de coordenação com as autoridades nacionais encarregues da investigação e do procedimento penal nos países envolvidos neste caso.

A reunião decorreu nas instalações da Eurojust, em Novembro de 2003, nela tendo participado investigadores dos cinco países. A imediata permuta de informações sobre as investigações em curso revelou-se francamente proveitosa. Procedeu-se à permuta de informações relevantes sobre o *modus operodi* destes grupos terroristas, tendo a reunião servido de fórum para os que nela participaram no sentido de uma melhor compreensão dos procedimentos relativos ao auxílio judiciário mútuo nos diferentes sistemas judiciários e da procura de soluções técnicas para ultrapassar obstáculos e atrasos no cumprimento dos pedidos. No seguimento da reunião de coordenação, terá lugar uma outra reunião entre os procuradores italiano e espanhol e as autoridades competentes da Argélia".

Não se encontra no relatório qualquer referência à criação em qualquer Estado-Membro de **Equipas de Investigação Conjunta**.

É que a maioria dos Estados-Membros ainda estava na preparação das respectivas legislações e a participação dos membros nacionais da Eurojust nessas equipas deverá ser regulada na ordem jurídica interna de cada um deles.

Aliás as conclusões do Conselho Europeu de Bruxelas (4/5 de Novembro de 2004) reconhecem expressamente que "a experiência a nível dos Estados-Membros no que se refere **ao recurso a equipas de investigação conjunta é limitada**".

A implementação de **Mandado de Detenção Europeu** e o apoio prestado pelo Eurojust em 2003 não é objecto de qualquer informação concreta.

Apenas oito Estados-Membros tinham transposto a respectiva Decisão-quadro.

O relatório da Eurojust nesta matéria fica-se também na formulação de votos para que este instrumento venha a ser implementado.

22. Já o **Relatório de Actividades da Europol de 2003**, se afigura mais positivo quanto a resultados e expectativas.

O que não surpreende já que a Europol leva vários anos de exercício das suas competências.

A sua actividade centrou-se nas **organizações criminosas** nas seguintes áreas de criminalidade prioritárias:

- terrorismo;
- tráfico de droga;
- imigração ilegal e tráfico de seres humanos;
- crimes contra a Moeda Euro;
- crimes financeiros.

Nele se afirma ser frequente que os **grupos criminosos** se dedicam a diversas actividades criminosas utilizando **princípios de tipo empre-**

sarial, direccionando os seus esforços para o maior número possível de áreas lucrativas.

Houve em 2003 por parte da Europol não só o efectivo apoio a investigações em curso nos Estados-Membros como iniciativas próprias.

Com efeito, **um resultado de análise operacional da Europol** foi detectada uma rede de milhares de empresas, sobretudo sedeadas no Reino Unido, que prestavam serviços de **branqueamento de capitais a grupos de crime organizado**, tendo sido produzidos relatórios ad hoc e realizadas duas **investigações conjuntas**, uma na Alemanha e outra na Itália.

A Europol prestou também apoio operacional a acções nos Estados--Membros e a Equipas Conjuntas em resposta às avaliações das ameaças p.ex. do **terrorismo extremista islâmico**.

Aliás neste domínio a Europol instituiu uma unidade de luta contra o terrorismo e elaborou um relatório anual sobre **a situação e as tendências de terrorismo** para informação do Parlamento Europeu sobre as ameaças terroristas anuais.

De igual modo assegurou a coordenação e/ou o apoio ao combate a associações criminosas turcas envolvidas no **tráfico de heroína e crimes conexos** na União Europeia.

Estes são alguns, dos exemplos dos resultados da actividade da Europol.

Outros constam do relatório noutras áreas de criminalidade organizada, como p.ex. na imigração ilegal, na pornografia infantil, na contrafacção de dólares e euros, no tráfico de veículos roubados.

Três notas merecem destaque no relatório em apreço.

A Europol debateu o instrumento "**Equipas de Investigação Conjuntas**", aprovando num documento que descreve o modo como ele deve ser utilizado, o que é promissor.

As duas outras notas reportam-se a questões criticas da própria organização.

O seu gabinete de ligação em Washington D.C. experimentou grandes dificuldades de intercâmbio de informações por não existir um único interlocutor americano para a cooperação, tendo de contactar com mais de 18.000 organizações homólogas a nível local, estatal e federal.

A última nota respeita a uma saudável **auto-avaliação** da Europol para identificação de pontos fortes e áreas que devem ser melhoradas.

Este processo permitiu identificar 24 recomendações que se hão-de traduzir em acções concretas, com vista à melhoria da eficácia deste organismo comunitário.

A Europol neste relatório congratula-se com a cooperação com os Estados-Membros, países terceiros e organizações internacionais.

Em contrapartida nenhuma referência é feita à indispensável **cooperação com a Eurojust**.

Nem sequer à celebração do acordo provisório em finais de 2003.

Não obstante o relativo optimismo deste relatório da Europol, António Vitorino, responsável pelo pelouro da J.A.I., em entrevista ao Público de 11 de Setembro de 2003 afirmava: "Do lado negativo, há que reconhecer que a cooperação entre os serviços de informações e de polícia a nível europeu ainda é muito baseado em relações bilaterais, que **muita da informação recolhida ainda não é disponibilizada a um círculo mais largo de investigação à escala continental**, e que, embora tenhamos progredido no domínio da avaliação da ameaça, ainda há muito a fazer para conhecer melhor o perfil dos terroristas, a acção e métodos dos grupos de recrutamento e as várias ligações que existem entre as redes terroristas que funcionam de maneira extremamente descentralizada e autonomizada e que têm, por isso, uma grande flexibilidade de acção".

No mesmo jornal, Daniel Kehoane, um "think-tank" próximo do partido trabalhista de Tony Blair confirmava: "o problema da **Europa** é que temos um mercado único, aberto, sem fronteiras – **uma área vasta onde os terroristas se movem livremente, mas não os juízes e as polícias**. Penso que aí não há cooperação suficiente ao nível europeu".

23. Na mesma linha estão as declarações do Comissário Franco Frattini (sucessor de António Vitorino) e do coordenador máximo da luta anti-terrorista da EU Gijs de Vries, reportadas pelo mesmo jornal em 11 de Março de 2004.

"Os dois coincidem em que muitas das decisões tomadas a nível europeu teimam em não ter efeito a nível nacional. O ponto fraco é a troca de informações e a coordenação entre as forças policiais, que defrontam hábitos antigos e culturais distintas difíceis de vencer. O comissário insistiu também em que a acção isolada de cada Estado-membro não é suficiente e que é **urgente melhorar a coordenação europeia**.

A Comissão faz o seu trabalho e, nessa medida, Frattini já anunciou um **novo plano**: o acesso à informação em tempo útil, incluindo uma **base de dados europeia sobre o crime organizado e o terrorismo**, um "registo criminal europeu", bem como o mais fácil acesso das forças de investigação às contas bancárias de cidadãos suspeitos. A questão, para Frattini, está em saber encontrar o equilíbrio certo entre esse acesso e as garantias dos direitos dos cidadãos e da protecção de dados".

Por seu turno "De Vries trabalha em condições muito limitadas e com fraco apoio financeiro e operacional. A ideia de criar um "Sr. Antiterrorismo", decisão tomada há um ano pelos líderes europeus para reagir aos atentados de Madrid, teve mais que ver com a necessidade de **mostrar à opinião pública que estavam a fazer alguma** coisa do que uma deliberação consistente sobre o reforço das capacidades de prevenção e resposta".

Por tudo isto se nos afigura que cada vez mais se impõe a criação do **Procurador Europeu** com competência instrutória em todos os Estados--Membros, processando e levando a julgamento, não apenas os autores e cúmplices das infracções lesivas dos interesses financeiros da União, mas sobre tudo da **criminalidade grave com dimensão transfronteiriça, designadamente de terrorismo.**

24. Compaginando a **evolução da política anti-fraude financeira e corrupção** com a política de prevenção e combate da criminalidade organizada e transnacional na União Europeia somos levados a concluir que, apesar de tudo, a primeira **foi mais comunitária.**

Com efeito, a criação do **OLAF** em 1999 com competência para em qualquer Estado-Membro **exercer as competências da Comissão** relativas a **inspecções e verificações no local** para proteger os interesses financeiros das Comunidades Europeias, procedendo a inquéritos internos e externos.

Inquéritos cujos relatórios "serão elaborados tendo em conta os **requisitos processuais exigidos pela legislação nacional de Estado--Membro em causa**", podendo constituir "**elementos de prova** nos processos administrativos ou **judiciais do Estado-Membro** em que a sua utilização se revele necessária"[83].

Não estaremos apenas perante um organismo comunitário que se limita a ajudar as autoridades dos Estados-Membros a cooperar entre si em matéria de criminalidade transnacional.

---

[83] Arts. 2.º, 3.º, 4.º e 9.º, n.º 2 do Regulamento (C.E.) n.º 1073/1999 de 25 de Maio de 1999. Cf. ainda art. 8.º, n.º 3 do Regulamento (C.E.) n.º 2185/96 de 11 de Novembro de 1996.

O OLAF tem **poderes de investigação e instrução próprios** similares aos poderes que em cada Estado-Membro as autoridades competentes detêm em matéria de polícia administrativo-financeira e até criminal, podendo exercê-los nos territórios dos Estados-Membros contra operadores económicos neles encontrados (ou até contra funcionários e agentes comunitários).

Isto sem prejuízo da necessária cooperação com as autoridades competentes dos Estados-Membros, que podem ser solicitadas a "tomar as medidas cautelares adequadas previstas na legislação nacional nomeadamente para efeitos de salvaguardar os elementos de prova", recolhidos ou a recolher pelos inspectores do OLAF.

25. **A construção da União Europeia como espaço de liberdade segurança e justiça**, sobretudo em matéria penal para ser constituído de modo eficaz na União Europeia **carece de maior ousadia** dos indispensáveis instrumentos jurídicos e organizacionais.

Sobretudo numa União Europeia com 25 Estados-Membros, em vias de total liberdade interior de circulação de pessoas, capitais, bens, serviços e também de tecnologias de informação.

Sobretudo nas actuais circunstâncias da **luta contra o terrorismo internacional fundamentalista**, ligado a toda a panóplia de **criminalidade organizada em áreas instrumentais ou colaterais** como o financiamento e branqueamento de capitais e todos os tráficos desde drogas até às armas a passar pelos seres humanos.

Impunha-se a montante uma **harmonização dos regimes** penais e processuais penais dos Estados-Membros e a **tipicação consensual da criminalidade grave transnacional** cuja investigação e instrução ficaria a cargo de **um organismo comunitário com competência em todo o território da União Europeia**.

Em nome da eficácia deste espaço de liberdade segurança e justiça em matéria penal e do princípio da subsidiariedade os Estados-Membros abdicariam do exclusivo de uma parcela da sua soberania – investigação criminal –, partilhando-a ou atribuindo-a a um órgão comunitário.

A criação do Procurador Europeu, com poderes de condução de um organismo comunitário de investigação criminal ou vários conforme as matérias e de supervisão de organismos nacionais nos moldes do Procurador Europeu para os interesses financeiros das Comunidades preconizados no respectivo Livro Verde[84], seria uma solução possível.

---

[84] Cfr. nota 41.

Obviamente que o exercício do **poder judicial sancionatório ou absolutório** ficaria reservado a soberania **exclusiva dos Estados-Membros**, com o reconhecimento das suas decisões em todo o território da União Europeia.

26. Um relatório publicado em 21 de Julho de 2004, pelo Comité da União Europeia da **Câmara dos Lordes, no Reino Unido** sob o tema "Cooperação Judicial na U.E.: **o papel da Eurojust**" é bastante crítico sobre a evolução da cooperação judiciária e policial.

Com efeito, após audição de vários responsáveis da Eurojust e Europol e de peritos nesta área, nele se inclui quer pelas graves **deficiências de articulação e cooperação entre aqueles organismos entre, si, e com o OLAF**, quer pela **falta de "follow-up"** dos respectivos relatórios e acções investigatórias e assistenciais pelas autoridades competentes **dos Estados-Membros**.

Curiosamente apesar de tudo manifesta-se **grande esperança na acção futura da Eurojust** como organismo decisivo na eficácia da cooperação judiciária penal na União Europeia e até com países terceiros.

A tal ponto de se ver nesse organismo uma **alternativa ao Procurador Europeu**.

Caso esta instituição venha a ser criada na sequência da Constituição para a Europa, recomenda-se que a sua estrutura e organização siga o **modelo da Eurojust**.

Conclui-se que a Eurojust deve ter um papel crucial na luta contra o terrorismo e que nela se deve localizar o **Registo Criminal Europeu**, logo que criado.

Afigura-se-nos que este relatório reforça a argumentação favorável à necessidade da instituição duma Procuradoria Europeia, que supere as ineficiências da tradicional cooperação judicial e policial.

Primeiro quanto às investigações, instrução e promoção do julgamento das **infracções contra os interesses financeiros da União Europeia**, incluindo a corrupção.

Se seguida quanto à **criminalidade grave transfronteiriça**, designadamente o terrorismo.

A criação do Procurador Europeu foi também defendida pela **Assembleia Nacional em França**, quer pela resolução de 22 de Maio de 2003 quer pelo Relatório da sua comissão para a União Europeia, apresentado pelo deputado René André sobre o OLAF (8 de Abril de 2004).

Nele se preconiza a **fusão da Europol e Olaf**, que deveriam ser colocadas, enquanto auxiliares de justiça, **sob o controlo do Procurador Europeu**.

Procurador Europeu que deveria resultar de transformação da Eurojust, por étapes, e ser **competente para o conjunto da criminalidade transfronteiriça dentro da União Europeia**, incluindo as infracções aos interesses financeiros e a corrupção.

De seguida debruçar-nos-emos sobre as soluções acolhidas pelo Tratado que estabelece **uma Constituição para a Europa**, no que respeita à cooperação judiciária e policial em matéria penal, e consequentemente e subsequentemente, à criação da Procuradoria Europeia.

CAPÍTULO III
O TRATADO QUE ESTABELECE UMA CONSTITUIÇÃO PARA A EUROPA[85]

---

[85] Ver nota 48.

I. O ESPAÇO DE LIBERDADE, SEGURANÇA E JUSTIÇA: COOPERAÇÃO JUDICIÁRIA E POLICIAL

1. Um dos objectivos da União Europeia proclamados logo no art. I – 3.º da **Constituição para a Europa**[86], é proporcionar aos seus cidadãos **um espaço de liberdade segurança e justiça sem fronteiras internas**.

Este é um domínio em que a União tem competências partilhadas com os Estados-Membros (art. I – 14.º, n.º 2).

De tal modo este objectivo é importante, que os arts. I – 42.º e III – 257.º, n.º 1 vão ao ponto de afirmar que "a União constitui um espaço de liberdade, segurança e justiça", estruturado em três vectores principais:

– **aproximação das legislações nacionais** nos domínios dos controlos nas fronteiras, do asilo e da imigração, da cooperação judiciária em matéria civil, **da cooperação judiciária em matéria penal e da cooperação policial**;

– **confiança mútua entre as autoridades competentes dos Estados-Membros**, em especial com base no reconhecimento mútuo das decisões judiciais e extrajudiciais;

– **cooperação operacional** entre as autoridades competentes dos Estados-Membros, incluindo os serviços policiais, aduaneiros e outros serviços especializados no domínio da prevenção e detecção das infracções penais.

Iremos debruçar-nos sobre o domínio da cooperação policial e judiciária em matéria penal, e especificamente sobre a **Procuradoria Europeia**.

---

[86] Doravante utilizaremos esta expressão para designar o Tratado que estabelece uma **Constituição para a Europa**. Sem embargo nos últimos textos comunitários p.ex. Conclusões do Conselho Europeu de Bruxelas, 4/5 de Novembro de 2004, utiliza-se a expressão "Tratado Constitucional".

Precisamente por constituir o instrumento fundamental da **política anti-fraude financeira e corrupção** e sobretudo da **política anti-criminalidade organizada e transnacional** da União Europeia.

2. Todavia este objectivo da União Europeia não constitui qualquer novidade da Constituição para a Europa.

Conforme largamente deixamos exposto na senda do Tratado de Maastricht (1992), o Tratado de Amesterdão (1997) reafirmou como objectivo da União Europeia a manutenção e desenvolvimento dum **"espaço de liberdade, de segurança e de justiça"** (art. 29.°).

Para atingir tal objectivo foi aprovada abundante legislação comunitária, e feita a transposição de boa parte dela para o ordenamento jurídico de alguns Estados-Membros.

Antes de abordarmos o capítulo IV da Parte III da Constituição para a Europa, designadamente as Secções 4 (cooperação judiciária em matéria penal, incluindo o art. III – 274.° que prevê a instituição duma Procuradoria Europeia) e 5 (cooperação policial) impõe-se numa reflexão sobre o destino dessa **legislação actualmente vigente**.

Isto porque, além do mais, o processo legislativo previsto para estas matérias na Constituição para a Europa – lei ou lei-quadro europeia – é diferente dos instrumentos normativos do 3.° Pilar actualmente vigentes.

O art. IV – 437.° da Constituição para a Europa **revogou todos os tratados anteriores, bem como os actos e tratados que os completaram ou modificaram**.

O art. IV – 438.°, todavia, regendo a sucessão e continuidade jurídica das **instituições, órgãos e organismos comunitários existentes** ressalvou: continuam a exercer as suas atribuições até que sejam adoptadas "novas disposições" em aplicação das normas constitucionais ou até ao termo do respectivo mandato.

Por seu turno os **actos** dessas instituições órgãos e organismos adoptados com base nos tratados e actos revogados bem como as **convenções, continuam em vigor enquanto não forem revogados, anulados ou modificados por actos normativos em aplicação da Constituição para a Europa**.

Portanto enquanto não forem adoptadas leis ou leis-quadro europeias sobre o "espaço de liberdade, de segurança e de justiça", mantém-se em vigor a legislação comunitária e nacional existente.

Não haverá assim situações de "inconstitucionalidade superveniente".

3. Este objectivo ambicioso da **cooperação policial e judiciária em matéria penal**, parte estruturante da construção da União Europeia como "espaço de liberdade, de segurança e de justiça", pode deparar-se com a dificuldade dos novos **instrumentos normativos comunitários**, a exigir procedimentos complexos e muito negociados para que os actos finais venham a ser adoptados.

Estes instrumentos são a **lei ou lei-quadro europeia**, actos legislativos que exigem **adopção conjunta** do Parlamento Europeu e do Conselho de Ministros de acordo com o processo legislativo ordinário (art. I – 34.° e III – 396.°).

A iniciativa desses actos legislativos nesta matéria pertence à Comissão ou a um quarto dos Estados-Membros (art. III – 264.°).

O processo legislativo ordinário pode ser complexo e demorado como a seguir se constatará, exigindo o **acordo do Parlamento Europeu e do Conselho de Ministros** para que aqueles actos sejam adoptados (art. 34.°, n.° 1). Na maior parte das matérias o Conselho de Ministros tem de deliberar por **unanimidade** (arts. III – 270.°, n.° 2, 271.°, 274.° e 277.°), e não por maioria qualificada (art. 23.°, n.° 3).

Isto explica-se sobretudo por estar em causa uma significativa parcela de soberania dos Estados-Membros – o exercício coercivo da autoridade policial e judiciária penal e suas implicações na restrição dos direitos liberdades e garantias dos cidadãos[87].

4. É por isso que os **Parlamentos nacionais** no tocante às propostas e iniciativas legislativas em matéria de cooperação judiciária em matéria

---

[87] No relatório final do Grupo de Trabalho X, "Liberdade, Segurança e Justiça" da Convenção, preparatória da C.I.G., a maioria dos membros defendeu a **maioria qualificada** nos seguintes domínios: regras mínimas respeitantes aos elementos constitutivos das infracções penais enumeradas nas listas a inserir no Tratado e respectivas sanções, à protecção dos direitos das pessoas no processo penal, aos elementos específicos do direito penal tais como a admissibilidade das provas no conjunto da União Europeia, à cooperação policial e judiciária, com algumas excepções e às medidas de prevenção da criminalidade.

De igual modo no que respeita ao alargamento da esfera de acção da Europol e Eurojust a novas formas de criminalidade, bem como as respectivas competências e ainda as regras da sua organização e gestão.

A **unanimidade** ficaria reservada à criação do Procurador Europeu, às acções conduzidas pelas autoridades policiais nacionais ou por serviços repressivos actuando em território doutro Estado-Membro.

penal e cooperação policial devem ser chamadas a zelar pela observância do **princípio de subsidiariedade** de acordo com as disposições específicas previstas no Protocolo relativo à Aplicação dos Princípios da Subsidiariedade e Proporcionalidade (art. III – 259.° e art. I – 11.°, n.os 3 e 4).

Em virtude do princípio da subsidiariedade "a União intervém apenas se e na medida em que **os objectivos da acção** considerada não possam ser suficientemente alcançados pelos Estados-Membros", **podendo ser alcançados mais adequadamente ao nível da União**.

O princípio da proporcionalidade obriga a que "o conteúdo e a forma da acção da União não deve exceder o necessário para alcançar os objectivos da Constituição".

Nos termos daquele Protocolo antes de propor o acto legislativo A Comissão deve proceder a **amplas consultas dos Estados-Membros**.

Se decidir enviar as propostas legislativas ao legislador da União deverá enviá-las ao mesmo tempo aos parlamentos nacionais dos Estados-Membros.

Propostas que deverão ser fundamentadas relativamente aos **princípios da subsidiariedade e da proporcionalidade**.

Nos termos do n.° 4 do citado Protocolo, as propostas da Comissão devem conter "as razões que permitam concluir que determinado objectivo da União pode ser alcançado **mais adequadamente ao nível desta**", as quais "devem ser corroboradas por indicadores qualitativos e sempre que possível quantitativos".

No caso das **leis-quadro europeias**, tais propostas devem incluir "as respectivas implicações para a regulamentação a aplicar pelos Estados-Membros".

A observância deste princípio **pode ser contestada pelos Parlamentos nacionais** em pareceres dirigidos aos presidentes do Parlamento Europeu, de Conselho de Ministros e da Comissão.

A Comissão tem o dever de reanalisar a proposta legislativa se esses pareceres fundamentados representarem pelo menos um quarto dos Estados-Membros, podendo porém mantê-la alterá-la ou retirá-la.

Adoptado o acto legislativo, este pode ser objecto de **recurso de anulação perante o Tribunal de Justiça** com fundamento em violação do princípio da subsidiariedade, a interpor pelos Estados-Membros.

5. O **processo legislativo ordinário** pode ser muito simples e rápido ou muito complicado e demorado.

As propostas de actos legislativos apresentados ao Parlamento Europeu e ao Conselho de Ministros, **são logo adoptadas** se este aprovar (por maioria qualificada ou nos casos previstos por unanimidade) a posição aprovada pelo Parlamento (em regra por maioria) em **primeira leitura** (art. III – 396.°, n.° 4).

Se o Conselho de Ministros não aprovar a posição do Parlamento Europeu, e **adoptar outra posição transmiti-la-á ao Parlamento** (segunda leitura).

Neste caso a posição do Conselho de Ministros considera-se adoptada se o Parlamento Europeu a aprovar ou não se tiver pronunciado no prazo de 3 meses após aquela transmissão [art. III – 396.°, n.° 7, a)].

Se a posição do Conselho de Ministros dentro do prazo de 3 meses for rejeitada por maioria absoluta dos seus membros, considera-se que o acto proposto **não foi adoptado** [art. III – 396.°, n.° 7, b)].

O Parlamento pode ainda **propor emendas**, dentro desse prazo, por maioria absoluta dos membros que o compõem, à posição do Conselho de Ministros que lhe foi transmitida.

Então deverá o texto assim alterado ser remetido ao Conselho de Ministros e à Comissão, que emitirá parecer sobre as emendas [art. III – 396.°, n.° 7, c)].

O texto considera-se **adoptado** se o Conselho de Ministros no prazo de 3 meses após a recepção do texto **aprovar todas as emendas**.

Aprovação que poderá ser por **maioria qualificada** salvo disposição em contrário prevista na Constituição (art. I – 23.°, n.° 3), mas que terá de ser por **unanimidade** sobre as emendas em relação às quais a Comissão haja dado **parecer negativo** (art. III – 396.°, n.ºs 8, a) e 9).

Se o Conselho de Ministros **não aprovar todas as emendas** então o respectivo Presidente bem como o Presidente do Parlamento no prazo de seis semanas, convocarão um **Comité de Conciliação** que deverá chegar a acordo sobre um **projecto comum** baseado nos textos de ambas as instituições em segunda leitura.

Projecto comum em cuja negociação participa a Comissão e que necessita para ser aprovado da **maioria qualificada** do Conselho de Ministros e **maioria simples** do Parlamento Europeu,

O prazo para aprovação é de seis semanas após a convocação do Comité. Após esse prazo não havendo aprovação considera-se que o acto proposto não foi adoptado [art. III – 396.°, n.ºs 8, b), 10, 11 e 12].

Aprovado o projecto comum pelo Comité, o Parlamento Europeu e o Conselho de Ministros deverão aprová-lo em terceira leitura por "maioria dos votos expressos" e por "maioria qualificada", respectivamente, no prazo de **seis semanas**.

Caso contrário considera-se que o acto proposto não foi adoptado (art. III – 396.°, n.° 13).

6. Afigura-se-nos estar em face duma arquitectura legislativa em que **só projectos muito negociados e justificados** podem levar à aprovação das leis europeias ou leis-quadro necessárias à implementação da cooperação judiciária em matéria penal, e da cooperação policial, e em geral do espaço de liberdade, segurança e justiça.

Antes do mais porque tal aprovação pelo Conselho de Ministros, na maioria dos casos, carece de unanimidade (art. III – 270.°, n.° 2, 271.° e 274.°).

Não se antevê, sobretudo numa União Europeia a 25 Estados-Membros, que venha a obter-se a curto prazo ganhos de eficácia e celeridade face aos actuais instrumentos jurídicos do terceiro pilar que se pretende extinguir.

Isto não obstante as **leis europeias** serem actos legislativos de carácter geral e obrigatório em todos os seus elementos e **directamente aplicáveis em todos os Estados-Membros** (art. I – 33.°, n.° 1).

O que já não sucede com as **leis-quadro europeias** que apenas vinculam "o Estado-Membro destinatário **quanto ao resultado a alcançar**, deixando, no entanto, às instâncias nacionais a competência quanto à escolha da forma e dos meios".

Tal como as actuais Directivas, as leis-quadro deverão ser transpostas para o ordenamento jurídico dos Estados-Membros. Se um Estado--Membro não proceder tempestivamente a essa transposição fica sujeito a acção de incumprimento a interpor no Tribunal de Justiça pela Comissão ou outro Estado-Membro – art. III – 361.°, 362.° e 363.°.

A eficácia das leis-quadro na construção do espaço de liberdade, segurança e justiça na União Europeia vai depender da respectiva transposição por todos os Estados-Membros.

Acresce que em matérias muito importantes da cooperação judiciária em matéria penal ou de cooperação policial, a Constituição para a Europa deixa ao legislador comunitário o **poder discricionário de optar pela lei ou pela lei-quadro comunitária** (arts. III – 270.°, n.° 1, 272.°, 275.°, n.os 2 e 3 e 277.°).

A utilização apenas da lei comunitária seria mais pragmática, porque directamente aplicável em todos os Estados-Membros.

A possibilidade dessa opção certamente será justificada pelo facto da **lei-quadro**, na medida em que deixa **margem de manobra ao legislador nacional, e consequentemente ao exercício da respectiva soberania**, poder ser considerada de modo mais adequado de alcançar a unanimidade do Conselho de Ministros.

A verdade porém é que em matérias de grande sensibilidade política, como veremos adiante, se preconiza apenas lei europeia.

7. Como se sublinhou a exigência de unanimidade do Conselho de Ministros na aprovação de leis comunitárias nas matérias mais importantes pode ser um obstáculo à construção integral do "espaço de liberdade, segurança e Justiça".

Todavia como estamos perante uma competência não exclusiva da União Europeia, partilhada com os Estados-Membros (arts. I – 13.º e 14.º) a superação gradual daquele obstáculo poderá fazer-se com o recurso a **cooperações reforçadas** nos termos dos arts. I – 44.º e III – 419.º (autorização por decisão do Conselho de Ministros após aprovação do Parlamento Europeu).

O que significa que todas as áreas da cooperação judiciária e policial em matéria penal poderão ser numa primeira fase objecto de cooperação reforçada entre **pelo menos um terço dos Estados-Membros**.

Se assim for só os membros do Conselho de Ministros que representem os Estados participantes nessa cooperação podem intervir na adopção dos actos necessários a instituições da cooperação judiciária e policial.

Tais actos vinculam apenas os participantes da cooperação reforçada e devem obedecer às **mesmas regras processuais previstas na Constituição**, quer quanto à iniciativa do respectivo procedimento quer quanto à sua aprovação pelo respectivo Conselho de Ministros quer quanto à intervenção do Parlamento Europeu e dos parlamentos nacionais.

Essa cooperação reforçada pode ser posteriormente **alargada a outros Estados-Membros** (art. III – 420.º).

8. Um dos domínios mais importantes da construção do "espaço de liberdade segurança e justiça", na União Europeia, de molde a superar a ineficácia da fragmentação dos vários "espaços penais nacionais" é o das

regras mínimas relativas "as definições das infracções penais[88] e das sanções assentes em bases comuns (art. III – 271.°).

A legislação comunitária neste domínio vai condicionar decisivamente **a montante**, quer a competência em razão da matéria quer a eficácia das cooperações judiciária e policial em primeira linha, e da Procuradoria Europeia quando vier a ser criada.

Se tal legislação é determinante no **direito penal substantivo** não o é menos no **direito processual penal**.

Quanto ao direito penal substantivo o art. III – 271.°, n.° 1 tipifica os domínios da "criminalidade particularmente grave com uma dimensão transfronteiras" em que a **lei-quadro europeia** pode estabelecer aquelas regras mínimas.

São eles: terrorismo[89], tráfico de seres humanos e exploração sexual de mulheres e crianças, tráfico de droga e armas, branqueamento de capitais, corrupção, contrafacção de meios de pagamento, criminalidade informática e criminalidade organizada.

Esta lista pode ser alargada por decisão europeia do Conselho de Ministros.

Quer a **lei-quadro europeia** quer esta **decisão europeia**, há-de ser objecto de deliberação do Conselho de Ministros **por unanimidade** e após a aprovação do Parlamento Europeu[90].

---

[88] Segundo o relatório citado na nota 86 trata-se de "definição dos elementos constitutivos da infracção penal".

[89] O terrorismo aqui é encarado como crime a punir pelos tribunais dos Estados-Membros.

Todavia nos arts. I – 43.°, n.° 1, a) e III – 309.°, n.° 1 preconizam-se medidas de carácter militar no âmbito da política comum de segurança e defesa na "luta contra o terrorismo".

Será uma opção política definir a utilização de instrumentos de cooperação policial e judiciária ou instrumentos militares ou ambos conjuntamente.

Não estão clarificadas as condições em que uma acção terrorista deve ser considerada apenas crime ou actividade contra a segurança do Estado-Membro ou da União.

[90] A exigência da unanimidade do Conselho de Ministros após aprovação do Parlamento Europeu vem referida apenas quanto à **decisão europeia**.

Interpretamos esta exigência não apenas para a Decisão Europeia prevista no 2.° parágrafo do n.° 1 do art. III – 271.° mas também relativamente à **lei-quadro** referida no 1.° parágrafo.

A frase "O Conselho de Ministros delibera por unanimidade após aprovação do Parlamento Europeu" deve constituir o 3.° parágrafo, autónomo, relativo a todo o n.° 1 do art. III – 172.°, ao contrário do que se verifica na versão Internet.

A opção apenas pela **lei-quadro europeia**, que depende de transposição para o ordenamento jurídico dos Estados-Membros, explica-se por incidir sobre um domínio em que se pretende que prevaleça uma reserva da respectiva soberania.

Como se sublinhou há também que respeitar nesta matéria o **princípio da subsidiariedade** (art. III – 259.°).

Também o **direito processual penal**, enquanto condição fundamental da eficácia da cooperação judiciária e policial, deverá ser objecto de **regras mínimas comuns** a estabelecer somente em **lei-quadro comunitária** a aprovar por **unanimidade pelo Conselho de Ministros após aprovação do Parlamento Europeu** (art. III – 270.°, n.° 2)[91].

Essas regras mínimas comuns incidirão sobre:

    a) **a admissibilidade mútua dos meios de prova entre os Estados-Membros**;

    b) os direitos individuais em processo penal;

    c) o direito das vítimas da criminalidade;

    d) **outros elementos específicos do processo penal**, identificados previamente pelo Conselho através de uma decisão europeia.

9. A cooperação judiciária em matéria penal deve assentar no princípio do **reconhecimento mútuo das sentenças e decisões judiciais** e na **aproximação das disposições legislativas e regulamentares dos Estados-Membros** naquelas matérias de direito penal e processual penal.

Tudo expressão de mais amplo princípio da **confiança mútua** entre as autoridades competentes dos Estados-Membros (art. 41.°, n.° 1).

Serão estabelecidas por "**lei ou lei-quadro europeia medidas destinadas:**[92]" (art. III – 270.°, n.° 1).

    a) à definição das regras e procedimentos para assegurar o reconhecimento de todas as formas de sentenças e decisões judiciais em toda a União;

    b) à prevenção e solução de conflitos de jurisdição entre os Estados-Membros;

---

[91] As mesmas razões da interpretação do art. III – 271.°, n.° 1 valem para a interpretação do art. II – 270.°, n.° 2 d). Ver nota 89.

[92] Não se compreende esta possibilidade de escolha, quando em matéria de igual importância se optou apenas pela lei-quadro europeia (art. III – 270.°, n.° 2 e 271.°).

c) à formação de magistrados e funcionários de justiça;

d) a facilitar a cooperação entre autoridades judiciárias ou outras equivalentes dos Estados-Membros no âmbito da investigação e exercício da acção penal, bem como da execução de decisões.

Ao contrário de que sucedeu com o já referido n.º 2 do mesmo art. III – 270.º, **não se exige expressamente** para aprovação desta lei ou lei-quadro a **unanimidade** do Conselho de Ministros após **aprovação do Parlamento Europeu**.

Todas estas "medidas" conforme resulta do corpo do n.º 1 deste artigo visam implementar não só o "reconhecimento mútuo das sentenças e decisões judiciais" como a aproximação dos regimes normativos "nos domínios a que se refere o n.º 2 do mesmo artigo e o **art. III – 271.º**.

Ora nestas duas normas exige-se expressamente a deliberação **unânime** do Conselho de Ministros, após **aprovação do Parlamento Europeu**.

Afigura-se-nos que tal exigência se há-de colocar também na adopção da "lei ou lei-quadro europeia" prevista neste n.º 1 do art. III – 270.º.

Por coerência, o legislador constitucional terá que exigir o **mesmo condicionalismo** para a adopção da legislação que visa alcançar os objectivos e prever os meios respectivos.

Exige-o o princípio da co-decisão do Conselho de Ministros e do Parlamento Europeu (cfr. arts. I – 20.º, n.º 1, I – 23.º, n.º 1 e art. I – 34.º, n.º 2).

Exige-o o princípio da analogia, quanto à unanimidade do Conselho de Ministros, não obstante a regra do n.º 3 do art. I – 23.º.

Finalmente há que sublinhar, nos termos expostos em **I, n.º 2**, (supra) que sobre estas matérias continua a ser **aplicável a legislação comunitária já adoptada**. Só a futura revogação ou alteração dessa legislação ficará sujeita aos procedimentos legislativos previstos na Constituição para a Europa, quando esta entrar em vigor.

II. EUROPOL

10. A cooperação policial da União Europeia associará todas as autoridades competentes dos Estados-Membros, incluindo os serviços policiais aduaneiros e administrativos especializados na prevenção, detecção e investigação das infracções penais.

Também nesta matéria a Constituição para a Europa adopta vários **processos legislativos em função das matérias**.

A lei ou lei-quadro europeia, **sem exigência de unanimidade do Conselho de Ministros** (art. I – 23.°, n.° 3), regulará as matérias de recolha armazenamento, tratamento, análise e intercâmbio de **informações**, a **formação de pessoal**, bem como a **cooperação** relativa a pessoal, equipamento e investigação criminalista, e as técnicas comuns de investigação criminalista, e as técnicas comuns de investigação de formas graves de criminalidade organizada (art. III – 275.°, n.° 2).

Pelas razões adusivas anteriormente em **I, n.° 7**, (supra) afigura-se que tais instrumentos estão sujeitos ao processo legislativo ordinário de co-decisão com o Parlamento Europeu.

Já a cooperação operacional entre as autoridades competentes dos Estados-Membros será regulada por lei ou lei-quadro do Conselho de Ministros, com **exigência de unanimidade** na sua aprovação.

Curiosamente não se exige aprovação do **Parlamento Europeu**, mas apenas **prévia consulta** (art. III – 275.°, n.° 3).

Esta consulta dará lugar certamente a um **parecer sem efeito vinculativo**, ao contrário do que sucede com a **aprovação**.

É o que resulta do art. 19.°, n.° 1 (função consultiva do Parlamento Europeu) e 32.°, n.° 1 que se referem ao regime dos **pareceres** enquanto instrumento jurídico das instituições da União.

A **aprovação** do Parlamento Europeu consubstancia o regime de co-decisão legislativa (arts. I – 20.°, n.° 1, I – 23.°, n.° 1 e I – 34.°, n.° 1).

11. **A Europol** é o organismo comunitário que tem por missão implementar a **cooperação policial** com e entre todas as autoridades competentes dos Estados-Membros.

Essa cooperação tem por objecto a prevenção e luta contra as "**formas graves de criminalidade** que afectem **dois ou vários** Estados-Membros, o **terrorismo** e as formas de criminalidade lesivas de um **interesse comum que seja objecto de uma política da União**" (art. III – 276.°, n.° 1).

Impõe-se densificar estas **formas de criminalidade**, sendo certo que cabe **a lei europeia** determinar além do mais "o domínio de acção" da Europol.

Além do terrorismo, deverão incluir-se desde logo os domínios de **criminalidade grave tipificados no art. III – 271.°, n.° 1** e aquelas que como tal venham a ser qualificados por decisão europeia do Conselho de Ministros.

Afigura-se-nos que nesta matéria se confirma tudo o que consta no Tratado de Maastricht (arts. K.1, n.° 1 e K.3, n.° 2) e no Tratado de Amesterdão (arts. 29.° e 30.°).

Todavia, tratando-se de **criminalidade organizada** (art. III – 271.°, n.° 1, 1.° parágrafo in fine), que implique dois ou mais Estados-Membros, a acção da Europol pode ser desencadeada qualquer que seja o tipo legal de crime a que a organização se dedique.

Mais difícil de densificar, até porque **constitui inovação** face aos anteriores Tratados e à legislação comunitária vigente, são as "**formas de criminalidade lesivas de um interesse comum que seja objecto de uma política da União**".

Esta fórmula decorre daquela que foi enunciada pelo Grupo de Trabalho X "Liberdade, Segurança e Justiça" da Convenção que dá como exemplo a **contrafacção do Euro** e a **protecção dos interesses financeiros da União**.

Há-de ser a **lei europeia** a tipificar os crimes abrangidos nesta fórmula, tendo em conta as políticas da União decorrentes dos arts. I – 3.°, 13.° e 14.°.

12. Dispõe o art. III – 276.° da Constituição para a Europa que "A lei europeia determina a estrutura, o funcionamento, o **domínio de acção e as funções da Europol**. Estas funções poderão abranger:

a) A recolha, armazenamento, tratamento, análise e intercâmbio das informações transmitidas, nomeadamente, pelas autoridades dos Estados-Membros ou de instâncias ou países terceiros;[93]
b) A coordenação, organização e **realização de investigações e de acções operacionais**, conduzidas **em conjunto com as autoridades competentes** dos Estados-Membros ou no âmbito de **equipas de investigação conjuntas**, eventualmente em **ligação com a Eurojust**.

A lei europeia estabelece igualmente as modalidades de controlo das actividades da Europol pelo Parlamento Europeu, ao qual são associados os parlamentos nacionais dos Estados-Membros.

As acções operacionais da Europol devem ser conduzidas em ligação e com **o acordo** das autoridades do ou dos Estados-membros cujo território seja afectado. A aplicação de medidas **coercivas** é da exclusiva responsabilidade das **autoridades nacionais competentes**".

Donde decorre que a **Europol pode realizar investigações** e acções operacionais mas sempre em estreita **cooperação** consensual com as autoridades competentes dos Estados-Membros, às quais cabe o exclusivo da aplicação de medidas coercivas.

Esta **lei europeia**, deverá ser adoptada sob proposta da Comissão em processo de co-decisão entre o Parlamento e com o Conselho de Ministros, sendo a deliberação deste sujeita à regra da maioria qualificada (art. 23.°, n.° 3).

O papel dos parlamentos nacionais nesta matéria é primordial não só no controlo da observância do princípio da subsidiariedade, como na avaliação e controlo das actividades deste organismo (art. III – 259.° e 260.°).

No que respeita às **equipas de investigação conjuntas** e restante enquadramento normativo da actuação da Europol, valem as considerações feitas acima, **em I n.° 2**, sobre a **vigência da actual legislação comunitária**.

---

[93] Esta função é meramente instrumental de eventuais investigações e acções operacionais da Europol e dos Estados-Membros.
Na medida em que consubstancie "**cooperação administrativa**" entre os serviços competentes dos Estados-Membros, bem como entre esses serviços e a Comissão tal função da Europol pode ser objecto de **regulamentos europeus** adoptados pelo Conselho de Ministros nos termos do art. III – 164.°.

13. Assim e em resumo as **competências materiais da Europol**, face à legislação comunitária actualmente em vigor, e aos arts. III – 271.º – n.º 1 e 276.º, n.º 1 da Constituição para a Europa abrangem:

– Prevenção e combate ao **terrorismo**, ao **tráfico de estupefacientes** e a outras formas graves de criminalidade internacional, quando haja indícios concretos da existência de uma estrutura ou de uma **organização criminosa** e quando **dois ou mais Estados-Membros** sejam afectados;
– O branqueamento de capitais, a criminalidade ligada a **material nuclear e radioactivo**, as redes de **imigração clandestina**, o **tráfico de seres humanos e o tráfico de veículos roubados**;
– **Homicídio voluntário, ofensas corporais graves**;
– **Tráfico de órgãos e tecidos humanos**;
– **Rapto, sequestro e tomada de reféns**;
– **Racismo e xenofobia**;
– **Roubo organizado**;
– **Tráfico de bens culturais, incluindo antiguidades e obras de arte**;
– **Burla e fraude**;
– **Extorsão de protecção e extorsão de fundos**;
– **Contrafacção e piratagem de produtos**;
– **Falsificação de documentos administrativos e seu tráfico**;
– **Falsificação de moeda e de meios de pagamento**;
– **Criminalidade informática**;
– **Corrupção**;
– **Tráfico de armas, munições e explosivos**;
– **Tráfico de espécies animais ameaçadas**;
– **Crimes contra o ambiente**;
– **Tráfico de substâncias hormonais e outros factores de crescimento**;
– **Infracções anexas com as anteriores**[94].

---

[94] De acordo com a redacção original do n.º 3 do art. 2.º da Convenção Europol as infracções conexas eram cometidas para obter os **meios** de perpetrar, facilitar ou consumar a execução daqueles crimes da alçada da Europol, bem como para assegurar a respectiva impunidade.

Todas estas formas de criminalidade serão apreciadas pelos serviços nacionais competentes de acordo com a legislação dos Estados a que pertencem. Esta também deverá ser a perspectiva da Europol.

Restará pois, como novidade, à **lei europeia** tipificar "as formas de criminalidade lesivas de um interesse comum que seja objecto de uma política da União (art. III – 276.°, n.° 1).

III. A EUROJUST

14. Tal como sucede com a Europol, em aplicação da Constituição para a Europa caberá **à lei europeia** determinar a estrutura, o funcionamento, **o domínio de acção e as funções da Eurojust**. A Eurojust poderá ter por funções, designadamente:

a) **A abertura de investigações criminais e a propositura da instauração de acções penais conduzidas pelas autoridades nacionais competentes**, em especial as relativas a infracções lesivas dos interesses financeiros da União;

b) **A coordenação das investigações e acções penais referidas na alínea a);**

c) O reforço e a cooperação judiciária, inclusive mediante a **resolução de conflitos de jurisdição** e uma estreita cooperação com a Rede Judiciária Europeia (art. III – 273.°, n.° 1)[95].

Lei europeia que há-de ter em conta a **missão** da Eurojust: "apoiar e reforçar a coordenação e a cooperação entre as autoridades nacionais competentes **para a investigação e o exercício da acção penal** em matéria de **criminalidade grave que afecte dois ou mais Estados-Membros ou exija uma acção penal assente em bases comuns**, com base nas **operações conduzidas** e nas informações transmitidas pelas autoridades dos Estados-Membros e **pela Europol**" (n.° 1 do art. III – 273.°).

A versão final deste normativo da Constituição para a Europa não só clarifica as funções da Eurojust como se articula melhor com o art.

---

[95] Versão final da Conferência que aprovou a Constituição para a Europa. Na acta final, a Conferência considera que a lei europeia a que se refere o n.° 1 do art. III – 273.° deverá ter em conta as regras e práticas nacionais em matéria de instauração de investigações criminais.

III – 274.º, que prevê **a criação duma "Procuradoria Europeia** a partir da Eurojust".

Deste modo, **mesmo antes da criação da Procuradoria Europeia, a Eurojust pode iniciar investigações** "em matéria de criminalidade grave que afecte **dois ou mais Estados-Membros**", em especial as relativas às **infracções lesivas dos interesses financeiros da União**"[96].

Essas investigações criminais, todavia devem ser conduzidas **coordenadamente e em cooperação com as autoridades nacionais competentes**.

É o que resulta do facto quer do 2.º parágrafo do n.º 1 do art. III – 273.º enquadrar o seu dispositivo **no contexto do 1.º parágrafo** quer da alínea b) desse n.º 1.

Este 1.º parágrafo apenas se refere à coordenação e cooperação da Eurojust com as autoridades nacionais competentes para a investigação "com base nas operações conduzidas e nas informações transmitidas" por estas autoridades.

15. A Constituição para a Europa reafirmou as normas dos anteriores Tratados de Amesterdão e de Nice e a subsequente legislação comunitária do 3.º Pilar sobre a matéria[97].

Inclusivamente sobre o princípio da **coincidência da competência em razão da matéria da Eurojust (art. 4.º, n.º 1 da Convenção Europol)**, na medida em que este organismo pode actuar "com base nas operações conduzidas" pela Europol (art. III – 273.º, n.º 1).

Onde parece haver uma **modificação qualitativa** é nos poderes da Eurojust face às "autoridades nacionais competentes" dos Estados-Membros.

Na versão actual da Constituição para a Europa a **Eurojust poderá proceder à abertura de investigações criminais e à propositura de instauração de acções penais**.

O que é mais do que apresentar um **pedido fundamentado** ou apenas **uma mera ponderação** às autoridades nacionais no sentido de dar início a tais investigações (arts. 6.º e 7.º da Decisão do Conselho de 28 de Fevereiro de 2002).

Além disso, passa o **poder coordenar tais investigações oficiosamente**, e não apenas a pedido das autoridades nacionais.

---

[96] Ver Parte I, respeitante a estas infracções.
[97] Ver supra I n.º 2.

É o que parece resultar da alteração da redacção do n.º 1 do art. III – 273.º aprovada finalmente na reunião dos Chefes de Estado e do Governo (Bruxelas) de 17 e 18 de Junho de 2004.

Quanto à investigação em si, o n.º 1 da versão anterior da Convenção Europeia no mesmo artigo apenas lhe dava a missão de "apoiar e reforçar a **coordenação** e a cooperação **entre as autoridades nacionais** competentes para a investigação…".

O que parece claro nesta matéria de investigação é que "**os actos oficiais de procedimento judicial** são executados pelos agentes nacionais competentes" (art. III – 273.º, n.º 2).

Significa isto que se no decorrer de qualquer investigação houver necessidade de praticar actos que impliquem **com os direitos, liberdades e garantias dos cidadãos** (buscas, apreensões, prisões preventivas etc.) actos de procedimento judicial a sua execução terá que ser autorizada e executada pelas **autoridades nacionais competentes**.

Isto enquanto não for criada a Procuradoria Europeia.

Uma vez criada e a funcionar com base na Eurojust, já caberá a esta estrutura exercer os actos necessários ao exercício da acção penal "perante os órgãos jurisdicionais competentes dos Estados-Membros".

Será esse o sentido do n.º 2 do art. III – 273 ao referir que os actos oficiais de procedimento judicial são executados pelos agentes nacionais competentes "**sem prejuízo do artigo III – 274**".

16. A densificação da "**criminalidade grave** que afecte dois ou mais Estados-Membros ou exija uma acção penal assente em bases comuns" há-de ser feita pela **lei europeia** que determinará "o domínio da acção e as funções da Eurojust".

Para já, estão sublinhadas expressamente "as infracções lesivas dos interesses financeiros da União [n.º 1, a) do art. III – 273.º].

Quanto à criminalidade grave que "exija uma **acção penal assente em base comuns**" ela há-de ser consubstanciada no seu carácter **transfronteiriço** e nos domínios especificados no **n.º 1 do art. III – 271.º** ou seja: terrorismo, tráfico de seres humanos e exploração sexual de mulheres e crianças, tráfico de drogas e de armas, branqueamento de capitais corrupção contrafacção de meios de pagamento, criminalidade informática e criminalidade organizada.

Quanto a **outras formas de criminalidade** deverão valer as mesmas considerações feitas nesta matéria anteriormente a propósito da **Europol**, designadamente sobre a vigência da actual legislação comunitária que regula a Eurojust (**I, n.º 2**).

As ligações necessárias entre a Eurojust e a Europol estão claramente afirmadas nos arts. III – 273.º, n.º 1 e 276.º, n.º 2, b).

Daí que devam ser **tendencialmente coincidentes os respectivos "domínios de acção"** embora diferenciadas as respectivas funções.

O processo da adopção da futura **lei europeia** é o mesmo que já abordemos a respeito da Europol, uma vez que também não se exige para a sua aprovação deliberação unânime do Conselho de Ministros.

O mesmo se diga quanto à verificação da observância do princípio da subsidiariedade e à avaliação e controlo das actividades da Eurojust pelos Parlamentos nacionais dos Estados-Membros (arts. III – 259.º e 260.º).

17. Três **linhas de força fundamentais** parecem emergir nesta matéria.

A primeira é de que, até por força dos princípios da subsidiariedade e proporcionalidade, deve a **acção da Europol e da Eurojust** desenvolver-se, quer na **iniciativa da investigação** das formas de criminalidade sob a sua alçada, quer na subsequente instauração das respectivas **acções penais**, em perfeita **articulação com as autoridades nacionais competentes**.

A segunda é a de que se impõe a adopção o mais breve possível de **protocolo de entendimento entre a Europol e a Eurojust**, que tornem eficaz o respectivo exercício de competências[98].

A terceira é a de que, sublinhando-se no art. III – 273.º, n.º 1 em especial a competência da Eurojust relativa às "infracções lesivas dos interesses financeiros da União" se torna imperativa a sua **articulação com o OLAF**.

Neste sentido foi já aprovado um protocolo de acordo entre este organismo e a Eurojust.

O Protocolo de Acordo prevê as disposições práticas da cooperação e o intercâmbio de informações entre a Eurojust e o OLAF. Estabelece que cada um destes serviços deve comunicar ao outro quaisquer informações que lhe digam respeito. Estabelece pontos de contacto (nomeadamente a

---

[98] No relatório do Grupo de Trabalho X da Convenção, tendia-se para atribuir à Eurojust a "supervisão das futuras actividades de inquérito e operacionais da Europol".

unidade "Magistrados" no âmbito do OLAF) e procura facilitar a participação dos dois serviços nas **equipas de investigação conjuntas**.

18. Uma das funções mais relevantes da Eurojust é "a **propositura da instauração de acções penais conduzidas pelas autoridades nacionais competentes**" e **coordenar tais acções penais**.

Conforme resulta do n.º 1 do art. III – 273.º torna-se necessário que a criminalidade grave objecto dessas acções penais" **afecte dois ou mais Estados-Membros**" isto é, seja transfronteiras.

Cabendo à Eurojust propor a instauração de tais acções penais, desde logo há-de surgir a questão da **escolha** da autoridade nacional competente para a condução dessas acções. Esta preocupação já pertinente face à legislação actualmente em vigor esteve na base dum Seminário organizado em Novembro de 2003 pela Eurojust destinado a reflectir sobre à decisão da **jurisdição que deve ser exercida a acção penal** (a questão complexa de "forum shopping).

O objecto do Seminário consistiu na definição de algumas das **orientações que pudessem ajudar a Eurojust** no exercício da sua competência, a pedir a um determinado país que abdicasse do procedimento penal a favor de um outro que se julgasse estar em melhor posição para a respectiva instauração[99].

Das suas conclusões respigam-se as orientações mais significativas.

Os Procuradores dos Estados-Membros implicados deveriam **acordar na centralização do procedimento penal num único Estado-Membro**, decisão a tomar **na fase mais inicial possível** da investigação ou do procedimento penal.

Caso tal acordo não seja possível deveria logo ser suscitada a **assistência da Eurojust**.

Deverá partir-se do pressuposto de que o procedimento penal deve ser instaurado na **jurisdição em que a maior parte da actividade criminosa ocorreu** ou naquela em que se verificou a **maior parte dos danos**.

A localização do arguido, a disponibilidade das testemunhas para deporem e, se necessário, para se deslocarem de uma jurisdição para outra, a possibilidade das vítimas virem a ser prejudicadas se o procedimento for instaurado numa jurisdição em detrimento da outra, a disponibilidade de

---

[99] Ver anexo ao Relatório anual de 2003, da Eurojust.

meios de prova e a sua admissibilidade e aceitação pela jurisdição a escolher, foram também os factores enunciados para serem tidos em consideração.

Esta questão de "*forum shopping*" carece de aprofundamento, sobretudo na perspectiva da futura criação duma "**Procuradoria Europeia competente para investigar, processar judicialmente e levar a julgamento**" os autores da criminalidade grave transfronteiras, sejam ou não infracções lesivas dos interesses financeiros da união.

A ela nos referimos no capítulo seguinte.

CAPÍTULO IV
A PROCURADORIA EUROPEIA NA CONSTITUIÇÃO PARA A EUROPA

I. A NECESSIDADE DA CRIAÇÃO DA PROCURADORIA EUROPEIA: O ÂMBITO DAS SUAS COMPETÊNCIAS

1. Dispunha o art. III – 175.°, do **projecto do Tratado** que estabelece uma Constituição para a Europa, na versão aprovada pela **Convenção Europeia (18 de Julho de 2003)**.

"1. A fim de combater a **criminalidade grave de dimensão transfronteiras bem como as infracções lesivas dos interesses da União**, pode ser instituída, por lei europeia do Conselho de Ministros **uma Procuradoria Europeia a partir da Eurojust**. O Conselho de Ministros delibera por unanimidade após **aprovação** do Parlamento Europeu.
2. A Procuradoria Europeia é competente para **investigar, processar judicialmente e levar a julgamento**, eventualmente em **ligação com a Europol**, os autores e cúmplices de **crimes graves que afectem vários Estados-Membros**, bem como **das infracções lesivas dos interesses financeiros da União determinadas na lei europeia prevista no n.° 1**. A procuradoria Europeia exerce, perante os órgãos jurisdicionais competentes dos Estados-Membros, **a acção pública relativa a tais infracções**.
3. **A lei europeia** referida no n.° 1 define o **estatuto da Procuradoria Europeia**, as condições em que esta exerce as suas funções, as **regras processuais** aplicáveis às suas actividades e as que regem **a admissibilidade das provas**, bem como as regras aplicáveis ao **controlo jurisdicional dos actos processuais** que aprovar no exercício das suas funções."

Conforme se vê do relatório final do **grupo de trabalho X "Liberdade, Segurança e Justiça"**, da Convenção Europeia, as opiniões sobre a necessidade da criação do "Procurador Europeu ou Ministério Público Europeu" dividiram-se.

Numa coisa o grupo estava de acordo: **as infracções em detrimento dos interesses financeiros da União deveriam ser perseguidas mais eficazmente**.

Houve opositores à criação de tal estrutura na Constituição Europeia.

Houve também quem defendesse a necessidade de se dispor dum verdadeiro Ministério Público Europeu cuja esfera de competência se estenderia para lá da protecção dos interesses financeiros da União, devendo a **Eurojust actual tornar-se esse Ministério Público**.

Esta posição acabou por prevalecer, no sentido de que a "base jurídica do tratado relativo à Eurojust deveria permitir a criação dum Ministério Público Europeu por um acto do Conselho adoptado por unanimidade com o acordo do Parlamento Europeu".

Entretanto as competências da Eurojust deviam habilitá-la a intentar acções perante os tribunais nacionais não só por infracções em detrimento dos interesses financeiros da União mas também por outras formas graves de criminalidade.

É esta a razão porque o art. III – 171.° do projecto acima transcrito consagra uma **fórmula maximalista das competências da Procuradoria Europeia**: combater a criminalidade grave de dimensão transfronteiriça bem como as infracções lesivas dos interesses da União.

2. Entretanto a versão que acabou por vingar na **reunião dos Chefes de Estado ou do Governo**, em Bruxelas, de **17 e 18 de Junho de 2004 que aprovou o Tratado** é bem diferente. Contém uma solução muito mais cautelosa e sobretudo aleatória.

Consta do art. III – 274.° que dispõe:

1. A fim de combater as infracções lesivas dos interesses financeiros da União, pode ser instituída, por lei europeia do Conselho, uma Procuradoria Europeia a partir da Eurojust. O Conselho delibera por unanimidade, após aprovação do Parlamento Europeu.

2. A Procuradoria Europeia é competente para investigar, processar judicialmente e levar a julgamento, eventualmente em articulação com a Europol, os autores e cúmplices das infracções lesivas dos interesses financeiros da União determinadas na lei europeia a que se refere o n.° 1. A Procuradoria Europeia exerce, perante os

órgãos jurisdicionais competentes dos Estados-Membros, a acção pública relativa a tais infracções.

3. A lei europeia a que se refere o n.º 1 define o estatuto da Procuradoria Europeia, as condições em que esta exerce as suas funções, as regras processuais aplicáveis às suas actividades e as que regem a admissibilidade dos meios de prova, bem como as regras aplicáveis à fiscalização jurisdicional dos actos processuais que a procuradoria Europeia realizar no exercício das suas funções.

4. O conselho Europeu pode, em simultâneo ou posteriormente, adoptar uma decisão europeia que altere o n.º 1, de modo a tornar as atribuições da Procuradoria Europeia extensivas ao **combate contra a criminalidade grave com dimensão transfronteiriça**, e que altere em conformidade o n.º 2 no que diz respeito aos autores e cúmplices de **crimes graves que afectem vários Estados-Membros**.

O Conselho Europeu delibera por unanimidade, após aprovação do Parlamento Europeu e após consulta à Comissão.

A primeira conclusão a tirar desta evolução do processo legislativo-constitucional é que a Procuradoria Europeia, a ser criada, deve ocupar-se **antes do mais** do combate às "**infracções lesivas dos interesses financeiros da União**".

Para tanto impõe-se a implementação da acção da Eurojust, tal como é prevista no art. III – 273.º da Constituição para a Europa: "apoiar e reforçar a coordenação e a cooperação entre as autoridades nacionais competentes para a investigação e o exercício da acção penal em matéria de criminalidade grave que afecte **dois ou mais Estados-Membros** ou que exige o exercício de uma **acção penal assente em bases comuns**".

Eurojust que poderá ter como função "a **abertura de investigações criminais** e a propositura de acções penais conduzidas pelas autoridades nacionais competentes, **em especial as relativas a infracções lesivas dos interesses financeiros da União**" e a **coordenação** das referidas investigações e acções penais.

Isto porque a lei europeia do Conselho há-de criar a Procuradoria Europeia "a partir da Eurojust".

Afigura-se-nos que **a competência da Procuradoria Europeia** em matéria de "infracções lesivas dos interesses financeiros da União" há-de **condicionar-se ao âmbito da competência da Eurojust**.

Ou seja que tais infracções impliquem "**dois ou mais Estados-Membros**" ou que exijam uma "acção penal assente em bases comuns", conforme expressamente refere o art. III – 273.°, n.° 1.

Se estivermos perante uma infracção que se consuma **num só Estado-Membro**, sem qualquer conexão com outro Estado-Membro, em princípio competirá ao seu próprio Ministério Público a investigação, instrução e acção penal.

Até por consideração de necessidade de observância do **princípio da subsidiaridade** consagrado no art. I – 11.°, n.ºs 1 e 2.

Todavia deverá a competência para o respectivo procedimento criminal radicar-se na **Procuradoria Europeia e Eurojust** se tal infracção exigir uma "**acção penal assente em bases comuns**".

Estão nesta situação as infracções penais cujas **regras mínimas** sobre a respectiva definição e correspondentes sanções sejam objecto de lei-quadro europeia em conformidade com o art. III – 271.° da Constituição para a Europa.

A elas nos referiremos seguidamente.

3. A extensão da competência da Procuradoria Europeia, por acto do Conselho Europeu, "ao combate contra a **criminalidade grave com dimensão transfronteiriça**" pode ser decidida "**em simultâneo ou posteriormente**"na lei europeia do Conselho que criar a Procuradoria Europeia (n.° 4 do citado art. III – 274.°).

Esta é a grande alteração relativamente ao projecto do tratado saído da Convenção Europeia (art. III – 175.°).

Antes de criar a Procuradoria Europeia e definir a sua competência o Conselho terá além do mais que ponderar:

– **A eficácia do funcionamento da Eurojust** em geral e em especial quanto à "abertura de investigações criminais e propositura de instauração de acções penais" relativas a "**infracções lesivas dos interesses financeiros da União**".

– **A oportunidade** de atribuir à Procuradoria Europeia as competências relativas a estas infracções ou **também à demais criminalidade grave da competência da Eurojust**.

Abordemos agora, ainda que prospectivamente, a extensão máxima da competência da Procuradoria Europeia prevista no n.° 4 do art. III – 274.°.

Este normativo implica a análise da Procuradoria Europeia quanto ao seu funcionamento nas seguintes vertentes: **competência em razão da matéria**, **competência processual penal e estrutura organizativa**.

Como se trata dum organismo comunitário a criar **ex-novo** após a entrada em vigor da Constituição para a Europa (em princípio, em 1 de Novembro de 2006 – art. IV – 447.º) é evidente que tal abordagem terá que ser **prospectiva**.

Daí o seu carácter meramente reflexivo e aleatório.

Finalmente impõe-se uma análise ainda que sumária do **processo legislativo da criação** da Procuradoria Europeia.

O conceito de **criminalidade grave** com **uma dimensão transfronteiras** deve coincidir com o do art. III – 271.º, n.º 1: terrorismo, tráfico de seres humanos e exploração sexual de mulheres e crianças, tráfico de droga e de armas, branqueamento de capitais, corrupção, contrafacção de meios de pagamento, criminalidade informática e criminalidade organizada, bem como outros domínios de criminalidade identificados em Decisão Europeia do Conselho de Ministros.

O art. 31.º, n.º 1, e) do Tratado da União Europeia já previa a adopção de "regras mínimas quanto aos elementos constitutivos das infracções penais e sanções aplicáveis nos domínios da criminalidade organizada, do terrorismo e do tráfico ilícito de droga".

Como se vê aquele normativo constitucional alargou o âmbito da criminalidade grave com dimensão transfronteiras.

A esta impõe-se acrescentar as infracções que exijam "**uma acção penal assente em bases comuns**" que nos termos do art. III – 273.º são da competência do Eurojust.

Todas estas infracções penais hão-de ter a sua **definição e sanções** contempladas nas **regras mínimas** a estabelecer pela lei-quadro europeia nos termos do art. III – 271.º da Constituição para a Europa.

Só depois de definidas estas **regras mínimas** por lei-quadro europeia é que fica definida a competência material da Eurojust e consequentemente da Procuradoria Europeia.

Como a Procuradoria Europeia pode ser instituída "**a partir da Eurojust**", há-de ter uma competência em razão da matéria coincidente com a deste organismo.

Valem aqui as considerações aduzidas sobre o objecto da competência da Eurojust[100].

---

[100] Ver supra, Capítulos II e III.

O Conselho sobre esta matéria delibera por unanimidade, após aprovação do Parlamento Europeu, sob proposta da Comissão ou por iniciativa de um quarto dos Estados-Membros (art. III – 264.º).

Quando **um membro do Conselho** considere que esse projecto de lei-quadro "prejudica aspectos fundamentais do seu sistema de justiça penal", pode solicitar que o mesmo seja **submetido ao Conselho Europeu**.

O que pode desencadear um longo e complexo processo e culminar na **não adopção da referida lei-quadro europeia**.

Todavia um terço dos Estados-Membros pode instituir uma **cooperação reforçada** nos termos do art. I – 44.º, n.º 2 e art. III – 413.º, n.º 1, após notificação do Parlamento Europeu, do Conselho e da Comissão, **com base no referido projecto de lei-quadro**.

II. COMPETÊNCIA PROCESSUAL PENAL E ESTRUTURA ORGANIZATIVA

4. A Procuradoria Europeia a criar, será competente para **investigar, processar judicialmente e levar a julgamento, perante os órgãos jurisdicionais competentes dos Estados-Membros** os autores e cúmplices das infracções lesivas dos interesses financeiros da União e eventualmente também da "criminalidade grave de dimensão transfronteiras", **exercendo a respectiva acção pública**.

Quando tal acontecer será porventura a inovação mais ousada em matéria de construção dum "espaço de liberdade, segurança e justiça" trazida por esta Constituição para a Europa.

Vai muito além dos meios enunciados no art. I – 42.º para atingir esse objectivo da União (art. I – 3.º, n.º 2), e que se ficam na **aproximação das legislações nacionais**, na **confiança mutua** entre as autoridades competentes dos Estados-Membros e na respectiva **cooperação operacional**.

Podemos mesmo afirmar que a implementação destes meios constitui um **pressuposto fundamental** da criação e funcionamento da própria Procuradoria Europeia.

Só depois de assegurado o **reconhecimento e execução de todas as formas de sentenças e decisões judiciais** dum Estado-Membro em toda a União, após o estabelecimento de **regras mínimas comuns sobre a admissibilidade mútua das respectivas provas**, e das bases comuns relativas à **definição substantiva das infracções penais** e correspondentes sanções (art. III – 270.º e 271.º), é que poderá estar garantida suficientemente a eficácia da Procuradoria Europeia.

Sobretudo no que respeita ao estabelecimento de **normas mínimas** de certos **direitos processuais dos suspeitos e arguidos** nos processos penais na União Europeia, já objecto de projecto de Decisão-quadro.

Terá de ser nesta perspectiva que a **lei europeia** há-de definir "as regras processuais aplicáveis às suas actividades e as que regem a admissibilidade das provas, bem como as regras aplicáveis ao controlo jurisdicional dos actos processuais que aprovar no exercício das suas funções" (art. III – 274.°, n.° 3).

5. Efectivamente a grande inovação da Constituição é a atribuição à Procuradoria Europeia da competência não só para investigar e instruir processos-crime mas sobretudo para **exercer a respectiva acção penal nos tribunais dos Estados-Membros**.

Ela não está limitada, como a Eurojust, a propor a instauração de acções penais, em que os actos oficiais do procedimento judicial são executados pelos agentes nacionais competentes (art. III – 273.°).

Afigura-se liminarmente que, uma vez criada a Procuradoria Europeia com tal competência oficiosa, essa competência meramente propositória da Eurojust perde grande parte da sua utilidade.

Sem embargo, o exercício destas competências restritas pela Eurojust pode vir a fornecer ao legislador comunitário subsídios importantes para a definição da organização e competência da Procuradoria Europeia.

Pode limitar-se aos casos, em que por razões de oportunidade, a Procuradoria Europeia decida não intervir oficiosamente no exercício da acção penal, **deixando à Eurojust a conveniência de apenas propor** as autoridades competentes do Estado-Membro a instauração da respectiva acção penal.

Impõe-se sublinhar que o artigo III – 274.°, n.° 1 prevê a instituição da Procuradoria Europeia "**a partir da Eurojust**".

O estatuto da Procuradoria Europeia e **a sua estrutura organizativa, a definir pela lei europeia**, há-de passar necessariamente pela densificação deste segmento daquela norma constitucional: "a partir da Eurojust".

A Procuradoria Europeia será um organismo autónomo a criar "ex--novo" cuja competência há-de ser articulada com a da Eurojust, organismo distinto? ou há-de integrar a própria Eurojust que deverá ser modificada na sua estrutura? Organismo colegial ou dirigido por um Procurador-Geral? Qual o papel do OLAF e da sua experiência de inquérito às infracções lesivas dos interesses financeiros da União? Integra-se na Eurojust ou mantem-se autónomo embora sob a alçada da Procuradoria Europeia?

A Procuradoria Europeia será dotada de autonomia administrativa, financeira integrada no orçamento da União, condição da sua independência face às restantes instituições comunitárias? ou será a Comissão a associar-se aos seus trabalhos e o Conselho de Ministros a aprovar a eleição do Procurador-Geral dentre os membros do respectivo colégio, como sucede actualmente na Eurojust? Ou ficará sob a "tutela" orçamental do Parlamento Europeu em termos idênticos aos do Provedor de Justiça?

6. **As regras processuais aplicáveis às actividades da Procuradoria Europeia** e ao controlo jurisdicional dos respectivos actos processuais hão-de ser também estabelecidos por **lei europeia**.

Não valem aqui as actuais regras da actividade da Eurojust, órgão colegial de cooperação judiciária entre as autoridades dos Estados-Membros. Este organismo comunitário não é dotado de competência para, **de per si e oficiosamente**, investigar, processar judicialmente e levar a julgamento, em acção pública perante os tribunais dos Estados-Membros, os autores e cúmplices da criminalidade grave transfronteiras.

Esta actividade processual atribuída à Procuradoria Europeia terá que ser **regulada ex-novo** por lei europeia.

Lei europeia a adoptar além do mais, sob proposta da Comissão, pelo Conselho de Ministros deliberando por **unanimidade** e após **aprovação do Parlamento Europeu**.

7. O que deixamos exposto não implica que a Procuradoria Europeia não possa, **obviamente após a entrada em vigor da Constituição**, ser criada a curto prazo.

Primeiro, porque **existe já legislação comunitária** sobre auxílio judiciário mútuo em matéria penal e sobre a cooperação policial e judiciária, dependendo a sua entrada em vigor da aprovação ou transposição por todos os Estados-Membros das respectivas Convenções ou Decisões-quadro[101].

Matérias da maior importância como as que respeitam às **regras mínimas comuns sobre as garantias processuais** dos suspeitos e arguidos de infracções penais, o tratamento dos **elementos de prova**, a liberdade provisória mediante **caução**, a presunção de inocência, **foram ou estão a ser objecto de instrumentos normativos**[102].

---

[101] Ver capítulo III, parte IV e V.
[102] Ver supra cap. II, parte IV.

Depois porque **estão criadas e a funcionar a Europol, o OLAF e a Eurojust**, os organismos pelos quais há-de passar a organização e funcionamento da Procuradoria Europeia.

Além disso nada obsta e até seria **aconselhável que a criação e funcionamento da Procuradoria Europeia se fizesse por fases**, como parece ter sido essa a intenção de legislador constitucional (art. III – 274.°, n.os 1 e 4).

A sua competência poderia numa primeira fase restringir-se ao tipo de criminalidade cujo regime procedimental e substantivo já se encontrasse adoptado pelos Estados-Membros ou cuja urgência de prevenção e repressão em toda a União Europeia fosse manifesta.

É o caso das **infracções lesivas dos interesses financeiros da União**.

No que respeita a estas **infracções a Convenção de Bruxelas de 26/7/1995 (P.I.F.)** já entrou em vigor em 17 de Outubro de 2002.

Ela e os respectivos protocolos são os instrumentos fundamentais da **tipificação** dessas infracções e do regime da respectiva **responsabilidade criminal**.

O exercício da função do inquérito pelo OLAF rege-se pelo Regulamento n.° 1073/1999 que está em vias de ser alterado.

A lei europeia que criasse a Procuradoria Europeia poderia integrar e articular um mesmo diploma todos estes instrumentos normativos.

Finalmente a **instituição de um Procurador Europeu** para as infracções lesivas dos interesses financeiros da União, **foi já objecto de estudos aprofundados pela Comissão e pelo Parlamento** Europeu, com assinalável consenso político e doutrinal.

Tais estudos estão contidos no **Livro Verde sobre a criação de um Procurador Europeu** e no subsequente relatório elaborado pela Comissão, sobre que nos debruçaremos de seguida.

Impõe-se sublinhar que, como expressamente consta da parte introdutória do Livro Verde, com essa instituição se visa "**superar o carácter pesado e inadequado dos métodos clássicos da cooperação judiciária entre os Estados-Membros**.

Já existem formas de cooperação internacional em matéria penal, que o reforço da cooperação judiciária no quadro do terceiro pilar vem agora consolidar. Porém, **nenhum dos textos actualmente em vigor, bem como os propostos ou negociados, dá resposta suficiente à questão específica da acção penal contra os autores de actos lesivos dos interesses financeiros comunitários**.

Ora, o desenvolvimento do crime organizado em detrimento destes interesses, torna **insuficientes os instrumentos clássicos** de assistência mútua judiciária, sendo limitados os progressos realizados em matéria de cooperação judiciária. Estas insuficiências suscitam atrasos, recursos dilatórios e, mesmo, impunidade. São especialmente prejudiciais para a reconstituição dos circuitos financeiros a jusante da fraude".

III. O LIVRO VERDE SOBRE A CRIAÇÃO DE UM PROCURADOR EUROPEU

8. Como se deixou já exposto[103] toda esta problemática do Procurador Europeu tem vindo a ser abordada na União Europeia há mais de 10 anos a propósito do OLAF e da **luta anti-fraude financeira e contra a corrupção**.

Depois da frustração da não inclusão, no Tratado de Nice, de uma norma prevendo a sua criação, a Comissão Europeia, aliás na sequência de recomendações insistentes do Parlamento Europeu, desenvolveu as mais diversas iniciativas no sentido duma aprofundada reflexão sobre a criação, competência e estrutura de um tal organismo comunitário.

O Livro Verde sobre a criação de um Procurador Europeu e o subsequente **relatório de acompanhamento** dos seus resultados é um bom ponto de partida para a criação e implementação da Procuradoria Europeia prevista no art. III – 274.º da Constituição, mesmo com a competência alargada à criminalidade grave transfronteiriça prevista no seu n.º 4.

Isto porque tendo tais estudos por base a protecção penal dos interesses financeiros comunitários, por igualdade senão por maioria de razão, valerão para a instituição duma Procuradoria Europeia competente para o combate a todo este tipo de criminalidade transfronteiras.

É pois do maior interesse abordar com detalhe esses documentos.

9. Nesse Livro Verde[104], **a Comissão Europeia toma desde logo posição** sobre a questão propondo que as disposições do Tratado fossem completadas com uma **base jurídica que permitisse** a nomeação de um

---

[103] Ver supra capítulo I, parte XI, XII e XIII, onde se faz uma primeira abordagem deste tema.

[104] Ver nota 41.

Procurador Europeu, independente, que centralize a direcção das investigações e da acção penal e que exerça a acção pública perante as jurisdições competentes dos Estados-Membros, no domínio da protecção dos interesses financeiros comunitários.

Seguidamente proceder-se-á, através do direito derivado, à adopção de um **quadro regulamentar específico** para este efeito, que estabeleça, nomeadamente:

– **o seu estatuto, caracterizado por uma organização muito desconcentrada, assente nos procuradores europeus delegados e na colaboração das autoridades de investigação dos Estados--Membros**;

– **as regras do direito penal material** aplicável, tendendo preferencialmente para a unificação no caso das normas mais específicas (infracções que se enquadram na sua competência, penas correspondentes, prazo de prescrição), ou simplesmente harmonizadas (responsabilidade das pessoas colectivas), e prevendo em todos os outros casos, que são os mais numerosos, **a aplicação do direito nacional**;

– **o processo penal seguido pelo Procurador Europeu**, no respeito dos direitos fundamentais, baseado principalmente no reconhecimento mútuo das medidas de investigação previstas no direito nacional (buscas, etc.), eventualmente harmonizadas a nível europeu, **sob o controlo de um juiz das liberdades** e, a título subsidiário, em determinadas regras comunitárias próprias (abertura, arquivamento, auto europeu, etc.);

– **as excepções ao princípio da legalidade** da instauração dos processos e da repartição dos processos, nomeadamente os mistos, com as autoridades judiciais nacionais;

– **o regime de admissibilidade das provas**, assente no princípio segundo o qual as provas recolhidas num Estado-Membro devem ser admitidas pelas jurisdições de qualquer outro Estado-Membro;

– **as relações do Procurador Europeu com os outros actores**, no plano europeu e internacional, em especial as possibilidades de intercâmbio de informação, no respeito da protecção dos dados;

– **as vias de recurso** abertas em relação aos actos praticados sob a autoridade do Procurador Europeu, principalmente pelas vias internas e, subsidiariamente, pelas que venham a ser previstas, se necessário, para o Tribunal de Justiça.

Toda esta matéria da intervenção da Procuradoria Europeia na investigação e instrução do processo incluindo a **escolha da jurisdição para o julgamento** terá que ser cuidadosamente regulado pela lei comunitária.

O regime dos **recursos das decisões da Procuradoria Europeia** naquelas fases processuais deve merecer especial atenção. São interpostos nas jurisdições nacionais? Podemos ver alargar esta competência ao Tribunal de Justiça da União Europeia?

Na verdade o art. III – 365.° da Constituição para a Europa faz cair na alçada daquele tribunal a fiscalização da legalidade dos **actos** dos órgãos ou **organismos** da União destinados a produzir efeitos jurídicos em relação a terceiros.

Nos termos do n.° 4 daquela norma "qualquer pessoa singular ou colectiva pode interpor, nas condições dos n.ᵒˢ 1 e 2 recursos contra os actos de que seja destinatária ou lhe digam directa individualmente respeito".

Ora é claro que a Procuradoria Europeia é um **organismo da União** pelo que as suas decisões, nas condições indicadas no referido art. III – 365.° são sindicáveis perante o Tribunal de Justiça da União europeia.

Do n.° 5 daquele art. III – 365.° resulta a possibilidade da lei comunitária que vier a criar a Procuradoria Europeia prever condições e regras específicas para tais recursos.

A organização das jurisdições (juiz das liberdades, juiz que controla o envio a julgamento, juiz do processo) e a fase do julgamento do processo, tal como a da **execução das penas**, seriam, por seu turno, inteiramente regidas pelo **direito nacional**, sob reserva do princípio do exercício da acção pública pelo Procurador Europeu.

Assim, a proposta de centralizar, a nível comunitário, a direcção das investigações e da acção penal no domínio específico da protecção dos interesses financeiros comunitários a fim de garantir uma repressão eficaz e equivalente em todo um espaço comum, ficou aberta ao mais amplo debate, sem outro limite à reflexão que o do respeito dos direitos fundamentais e dos princípios de subsidiariedade e de proporcionalidade.

10. **Um dos objectivos do Livro Verde** e do ulterior debate que ficou aberto não só às instituições comunitárias mas também às dos Estados-Membros e aos meios académicos e público em geral – daí a sua publicação na Internet – **foi perspectivar a inclusão na revisão constitucional dos tratados da norma que criasse o Procurador Europeu.**

Obviamente, como se sublinha insistentemente, para superar a fragmentação do espaço europeu, dividido em **tantos os ordenamentos jurídico-processuais quantos os Estados-Membros**, sem embargo de coincidências e afinidades.

Coincidências e afinidades que foram constatadas num **estudo comparativo dos sistemas penais dos Estados-Membros** feito por peritos, juristas e académicos, que procederam a revisão do "Corpus Júris relativo às disposições penais para a protecção dos interesses financeiros da União Europeia[105].

Para tal debate alargado, que ocorreu durante o ano de 2002, o Livro Verde apresentou as perguntas que, dada a sua importância para melhor compreensão das subsequentes conclusões da Comissão, a seguir se transcrevem:

Pergunta genérica Qual é a sua opinião sobre o esquema geral proposto para a função do Procurador Europeu, nomeadamente, em relação:

– ao seu âmbito de acção (limitado apenas à dimensão financeira dos interesses comunitários)?
– aos seus poderes?
– à sua articulação com os sistemas judiciais nacionais?

Pergunta n° 1 Que pensa da estrutura e da organização internas propostas para o Procurador Europeu? A função europeia confiada aos procuradores europeus delegados deveria ser exclusiva ou pode ser combinada com funções nacionais?

Pergunta n° 2 Para que tipos de incriminações deve o Procurador Europeu ser competente? As definições de incriminações existentes no quadro da União Europeia deverão ser completadas?

Pergunta n° 3 A criação de um Procurador Europeu deverá ser acompanhada da adopção de determinadas regras comuns suplementares em matéria de:

– sanções?
– responsabilidade?
– prescrição?
– outras?

---

[105] Ver nota 38.

Em caso afirmativo, em que medida?

Pergunta n° 4 Em que casos e por quem deve o Procurador Europeu ser obrigatoriamente notificado?

Pergunta n° 5 O Procurador Europeu deverá guiar-se pelo princípio da legalidade da acção penal, como propõe a Comissão, ou pelo princípio da oportunidade da acção penal? Que excepções deverão ser previstas para cada um dos casos?

Pergunta n° 6 Tendo em conta as pistas de reflexão lançadas no presente Livro Verde, que repartição de atribuições deve ser prevista entre o Procurador Europeu e as autoridades judiciais nacionais, nomeadamente a fim de permitir o tratamento dos processos mistos?

Pergunta n° 7 A lista de medidas de investigação prevista para o Procurador Europeu parece-lhe suficiente para ultrapassar o problema da fragmentação do espaço judicial europeu? Que enquadramento (direito aplicável, controlo) deve ser previsto para essas medidas de investigação?

Pergunta n° 8 Que soluções devem ser previstas para assegurar a execução dos actos de investigação promovidos pelo Procurador Europeu?

Pergunta n° 9 Em que condições deverá o Procurador Europeu poder tomar uma decisão de arquivamento ou de envio a julgamento?

Pergunta n° 10 Segundo que critérios escolher o ou os Estados--Membros para apresentação a julgamento? Será necessário controlar a escolha do Procurador Europeu nesta matéria? Em caso afirmativo, a quem deverá ser confiado este controlo?

Pergunta n° 11 O princípio segundo o qual as provas legalmente recolhidas num Estado-Membro deverão ser admissíveis nas jurisdições de qualquer outro Estado-Membro parece-lhe ser susceptível, no que se refere ao Procurador Europeu, de superar o obstáculo que constitui a diversidade de regras de admissibilidade das provas?

Pergunta n° 12 A quem confiar a função de controlo dos actos de investigação executados sob a autoridade do Procurador Europeu?

Pergunta n° 13 A quem confiar a função de controlo do acto de apresentação a julgamento?

Pergunta n° 14 Os direitos fundamentais da pessoa perecem-lhe suficientemente protegidos ao longo de todo o processo proposto para o Procurador Europeu? Especificamente, está devidamente garantido o direito a não ser processado judicialmente duas vezes pela mesma infracção?

Pergunta n° 15 Quais deveriam ser as modalidades de uma boa articulação das relações entre o Procurador Europeu e os actores da cooperação judiciária instituídos no quadro da União Europeia?

Pergunta n° 16 Na perspectiva da avaliação do estatuto do OLAF que deverá ser efectuada pela Comissão, que elementos relativos à articulação entre o Organismo e o Procurador Europeu lhe parecem pertinentes?

Pergunta n° 17 Quais deverão ser as relações do Procurador Europeu com os países terceiros, nomeadamente os países candidatos, para reforçar a luta contra as actividades lesivas dos interesses financeiros comunitários?

Pergunta n° 18 Quais devem ser as vias de recurso abertas contra os actos praticados pelo Procurador Europeu ou sob a sua autoridade no exercício das suas funções?

11. A extensão e aprofundamento do debate aberto pelo Livro Verde deu origem a **mais de 70 respostas escritas**.

Vários governos e parlamentos nacionais e representantes das autoridades judiciais, associações de advogados, agrupamentos de juristas europeus que operam no domínio da criminalidade financeira e protecção dos direitos dos cidadãos tomaram posição sobre a criação do Procurador Europeu e extensão das respectivas competências.

A Comissão Europeia, após a recepção de tais respostas e a realização duma audição pública que reuniu 300 participantes e uma centena de oradores, **produziu um relatório de acompanhamento** do Livro Verde[106] que seguiremos de perto nas principais linhas de força, citando os excertos mais pertinentes.

Das respostas ao questionário extraíram-se as seguintes **conclusões gerais**:

– **Uma maioria (mais de 50 em 72 respostas) apoia de modo construtivo a ideia da criação de um Procurador Europeu**. Contudo, esta maioria formula algumas críticas acompanhadas de propostas destinadas a melhorar o quadro jurídico concebido pela Comissão.

– **Uma minoria**, não excluindo a possibilidade da criação do Procurador Europeu, mostra-se bastante **céptica** quanto à sua oportunidade e viabilidade, num futuro previsível.

---

[106] Bruxelas, 18/3/2003, COM(2003)128 final, publicado na Internet. Ver nota 41.

– Por último, **uma pequena minoria rejeita** categoricamente a ideia de criar um Procurador Europeu, considerando que os actuais instrumentos de cooperação judicial são susceptíveis de oferecer soluções adequadas para os problemas da fraude lesiva das finanças comunitárias.

Vários governos, incluindo alguns que se opuseram ao projecto, foram de opinião que a **criar-se o Procurador Europeu, as suas competências deveriam ser mais alargadas a outros interesses comunitários para além dos interesses financeiros da União**.
Seria o caso da protecção da **moeda única**, da integridade da **função pública europeia**, dos interesses dos **consumidores** e do **ambiente**.

12. Existiu um amplo consenso quanto ao facto de a **fragmentação do espaço judiciário europeu impedir a eficácia das acções penais**, nomeadamente no domínio da luta contra a fraude, havendo todavia algumas excepções.
A Comissão recordou aos menos convictos que os **obstáculos a uma acção penal eficaz** contra a fraude continuam a ser importantes, nomeadamente no domínio do direito penal material: por exemplo, diferentes prazos de prescrição ou falta de correspondência da definição dos crimes de um Estado-Membro para outro.
Os sistemas jurídicos nacionais revelam-se, por si só, pouco capazes de dar resposta ao carácter transnacional da fraude comunitária, devido também ao **princípio de territorialidade e à diversidade das regras de admissibilidade da prova**.
Por estas razões, com demasiada frequência não são iniciados ou concluídos processos, já que a complexidade de que se reveste a recolha de provas desencoraja mesmo as melhores vontades.
Os instrumentos de cooperação judiciária internacional continuam a debater-se, nomeadamente, com **conflitos de competência positivos ou negativos**, bem como com as dificuldades que a exigência da dupla incriminação e a execução das **cartas rogatórias internacionais** colocam.
O Procurador Europeu permitiria contornar estes problemas, **na fase das investigações**, graças aos seus delegados, cujo trabalho, baseado num mínimo de regras comuns, seria mutuamente admissível, como **na fase da acção penal**, graças à competência para julgamento num único Estado-Membro.

A organização interna descentralizada do Procurador Europeu, tal como proposta no Livro Verde, afigurou-se a mais adaptada, na opinião de uma maioria: basear-se-ia numa repartição das atribuições entre um **Procurador Europeu, que centralizaria** o mínimo necessário a nível comunitário, e **procuradores europeus delegados, inseridos nos sistemas judiciais nacionais**, que exerceriam concretamente as funções de investigação e de acção penal.

Uma maioria, incluindo alguns círculos judiciais e académicos, inclinou-se para a opção que consiste em **atribuir um mandato exclusivamente europeu aos procuradores delegados, como garantia da sua total independência**.

Em contrapartida, uma minoria das opiniões exprimiu a sua preferência pela **acumulação do mandato nacional e do mandato europeu**, de forma a assimilar os poderes dos procuradores europeus delegados aos dos seus colegas nacionais e a permitir-lhes partilhar facilmente a informação.

13. Três pontos merecem a nossa atenção, pois que por eles passa, em grande parte, exequibilidade do sistema.

O primeiro respeita a repartição das competências e condução dos **processos mistos**, isto é, processos em que, além das infracções financeiras (crime comunitário) há um crime nacional.

Segundo o relatório de acompanhamento, apoiando quanto a este ponto a proposta da Comissão, a maioria considera que, tendo em conta o carácter comunitário dos interesses a proteger, deverão ser adoptados os princípios do recurso automático ao **Procurador Europeu e de prioridade da sua competência** sempre que existam suspeitas de uma infracção comunitária.

No que diz respeito aos casos mistos, a regra de prioridade deverá, além disso, permitir **evitar os conflitos de competência positiva entre o Procurador e as autoridades nacionais** encarregadas da repressão destes casos.

O **Procurador Europeu teria assim a possibilidade de decidir, com toda a independência, realizar ele próprio a investigação no caso de a infracção afectar principalmente os interesses comunitários** ou, se fosse caso disso, confiá-la às autoridades nacionais competentes.

Se, apesar de tudo, se verificar um conflito de competências, foi proposto que o procedimento de consulta entre o Procurador Europeu e as autoridades nacionais permita designar a autoridade competente para cada caso específico, ou que **um juiz de instrução europeu** decida a quem atribuir o processo.

A Comissão reconhece que este ponto carece de maior aprofundamento. Outro ponto que exige também aprofundamento é o das medidas que durante a investigação o Procurador Europeu pode tomar.

Das respostas ao questionário decorre que uma alternativa proposta por alguns consistiria em elaborar uma **lista comum das medidas de investigação susceptíveis de ser directamente ordenadas pelo Procurador Europeu**. Bem como das medidas para as quais seria obrigatório solicitar **autorização ao juiz das liberdades**.

Desde que esteja **previsto um recurso jurídico em caso de não respeito dos direitos fundamentais, as medidas de investigação que não sejam coercitivas** poderão ser directamente ordenadas pelo Procurador Europeu.

Por seu lado, as **medidas de investigação coercivas só deverão ser ordenadas por um juiz das liberdades**, devendo o Procurador Europeu, de preferência, ser obrigado a dirigir-se **ao juiz do Estado da respectiva execução**. Alguns sugerem, por último, que **um juiz de instrução europeu** autorize e controle a execução de todos os actos de investigação solicitados pelo Procurador Europeu.

14. Em interligação com esta questão está a do regime de **escolha da jurisdição estadual do julgamento** (escolha do forum).

Este é talvez o ponto mais complexo de todo o regime do Procurador Europeu e que carece de melhor definição legislativa.

Refere a este propósito o citado Relatório que "uma vez que se trata muitas vezes de processos complexos em que intervêm vários Estados-Membros, a Comissão propõe, como uma das opções possíveis, **confiar ao Procurador Europeu uma margem de apreciação para escolher o Estado em que o processo** que instaurou **será julgado** quanto ao fundo.

Ora, como a Comissão salienta, esta escolha não é neutra, na medida em que determina não só as **condições práticas do processo** e o tribunal competente, mas também o **direito nacional aplicável**.

A Comissão ouviu as **numerosas opiniões que se opõem a esta solução** e consideram que a mesma confere um poder discricionário ao Procurador Europeu, o que, sem um controlo adequado, provocaria um risco real de «forum shopping».

Assim, numerosas respostas propuseram que fossem **fixados critérios mais rigorosos de escolha do tribunal a nível comunitário.**

Tal permitiria dar resposta às exigências de previsibilidade e de legalidade, tendo em conta simultaneamente a especificidade da fraude transfronteiras.

Segundo várias respostas, estes critérios, estabelecidos com base nas regras internacionais nesta matéria e organizados por ordem hierárquica, deverão **determinar de forma suficientemente previsível o Estado-Membro do julgamento.**

Para outros, estes critérios deverão ser alternativos e não hierarquizados como a Comissão propõe, por forma a dar ao Procurador Europeu a possibilidade de recorrer ao tribunal nacional mais adequado para julgar o processo quanto ao fundo.

No que diz respeito ao **controlo desta escolha** a grande maioria considera que o controlo judicial se impõe como uma garantia substancial relativamente aos direitos individuais.

As opiniões estão, todavia, divididas entre os que consideram que **este controlo deve ser exercido pelo juiz nacional das liberdades ou pelo juiz da causa** e os que consideram que é necessário confiá-lo a um **juiz de instrução europeu.**

À semelhança do papel que a Comissão propôs **confiar ao Tribunal de Justiça, este juízo** ficaria igualmente encarregado de resolver os eventuais **conflitos de competência negativos entre os Estados".**

15. Afigura-se-nos indispensável que nesta matéria, o legislador comunitário balize a decisão da Procuradoria Europeia em **critérios objectivos.**

Antes do mais, **o crime há-de ser punível com os mesmos requisitos** elementos constitutivos da infracção e regime de responsabilidade criminal – **em qualquer dos Estados-Membros.**

Por outro lado, a jurisdição do julgamento há-de determinar-se em função do **lugar** (Estado-Membro) **da consumação do crime** – último acto ou omissão ou pelo menos da prática de um dos respectivos elementos constitutivos.

Durante o processo de instrução criminal, **a Procuradoria Europeia deve definir com a melhor oportunidade a jurisdição do julgamento**.

Por um lado para conformar a instrução com o ordenamento jurídico processual do respectivo Estado-Membro.

Por outro, para garantir ao arguido, caso seja ouvido durante a instrução, todas as possibilidades de defesa.

Esta é talvez a matéria mais complexa – escolha do "forum shopping" pela Procuradoria Europeia e seu controlo jurisdicional – a afrontar pelo legislador comunitário.

16. A expectativa de **uma maior precisão relativamente às relações do Procurador Europeu com o OLAF, a Eurojust e a Europol**, destinada a evitar uma multiplicação e uma sobreposição das estruturas, **foi expressa de forma bastante geral** aquando da consulta em apreço.

Opiniões favoráveis à criação de um Procurador Europeu pretendem que este assegure um **controlo sobre a Europol e o OLAF**, pronunciando-se mesmo algumas delas a favor da **fusão destes dois organismos**.

A Comissão considerou que o **Eurojust** constitui uma etapa importante para a instituição de um espaço judiciário europeu.

Este órgão terá incontestavelmente um papel **acelerador para a cooperação entre os Estados-Membros em matéria de criminalidade transfronteiras e criminalidade organizada** em geral, mas **não constitui uma resposta suficientemente enérgica** face a uma criminalidade especificamente orientada contra a Europa.

Segundo o cenário do Livro Verde, **o Eurojust e o Procurador Europeu poderão ser órgãos distintos e complementares**.

Enquanto o primeiro se destina a receber atribuições do âmbito da cooperação judiciária num domínio de competências muito vasto, o segundo deverá ser uma instância comunitária dotada de **poderes próprios de investigação e de acção penal** no domínio específico da protecção dos interesses financeiros comunitários.

Reflectiu-se ainda sobre outros cenários que combinem as diferentes estruturas existentes.

Em primeiro lugar, poderá ser estabelecida uma ligação orgânica: **o Procurador Europeu poderá tornar-se membro de uma unidade Eurojust reforçada**, de forma a garantir melhor a complementaridade e a cooperação com esta.

Uma **segunda alternativa** poderia consistir na **criação da figura do Procurador Europeu** directamente no Tratado constitucional, mas **integrando-o no Eurojust**.

Neste cenário de integração completa, o **Eurojust transformar-se-ia numa procuradoria colegial encarregada**, por um lado, **de instruir** e centralizar as investigações e as acções penais e de dar início à acção pública junto dos tribunais nacionais no que se refere à protecção dos interesses comunitários do domínio da sua competência.

Por outro lado, incumbir-se-ia de assegurar a **coordenação das acções nacionais** no âmbito da criminalidade transnacional em geral.

O Procurador Europeu, detentor de um poder de direcção e de exercício da acção penal pública num domínio de competências mais restrito, **seria criado nesta procuradoria**.

Independentemente da via escolhida, a protecção dos interesses financeiros comunitários deverá fazer parte do núcleo central das competências da Procuradoria Europeia desde a sua criação.

"A Procuradoria Europeia seria assim **criada a partir da Eurojust**" opina-se expressamente no relatório de acompanhamento do Livro Verde sobre o que nos vimos a debruçar.

Esta expressão, bem como a expressa inclusão na primeira linha das competências da Procuradoria Europeia das **infracções lesivas dos interesses financeiros da União**, permite concluir que este relatório de acompanhamento da Comissão foi **fonte dos n.os 1 e 2 do art. III – 274.º da Constituição**.

De resto, foi também esta a posição tomada pelo grupo de trabalho X "Liberdade, Segurança e Justiça" da Convenção, como já atrás sublinhamos.

IV. PRESSUPOSTOS DA CRIAÇÃO DA PROCURADORIA EUROPEIA

17. A ideia duma Procuradoria Europeia, com competência para instruir processos crime em toda a União Europeia e requerer o seu julgamento em qualquer Estado-Membro nasceu no âmbito da politica de combate às **violações dos interesses financeiros da comunidade**.

A elaboração do Corpus Juris é contemporânea do período em que se fazia sentir já a necessidade da reforma da UCLAF e a criação do OLAF[107].

A necessidade da **criação do Procurador Europeu**, como solução para suprir o défice de legitimidade do OLAF e garantir a sua eficácia, é uma constante dos **relatórios anuais do Comité de Surveillance do OLAF**[108].

Relatórios que nesta parte mereceram a **adesão sistemática do Parlamento Europeu, também da Comissão e do Conselho**.

Constata-se que na previsão da criação da Procuradoria Europeia no art. III – 274.º da Constituição para a Europa, **não há qualquer referência ao OLAF**, que é o organismo comunitário competente para o combate às infracções lesivas dos interesses financeiros da União.

Um organismo criado em 1999 e a desenvolver essa actividade, embora com as consabidas dificuldades, desde esta data.

Pelo contrário aquele normativo constitucional preconiza a criação por lei europeia do Conselho duma "Procuradoria Europeia **a partir da Eurojust**".

---

[107] Cfr. Capítulo I, IV.
[108] No relatório do Comité de Surveillence relativo a 2004 sublinha-se a necessidade da revisão do regulamento e da organização do OLAF tendo em vista a sua transição para a Procuradoria Europeia.

E quando refere a sua competência para investigar, processar judicialmente e levar a julgamento os autores e cúmplices das infracções lesivas dos interesses financeiros da União, expressamente liga essa actividade a uma eventual **articulação com a Europol**.

É evidente que a **enorme experiência do OLAF** na investigação destes crimes – ao contrário da insipiência daqueles dois outros organismos – não pode deixar de ser colocada **ao serviço da Procuradoria Europeia**.

A lei europeia do Conselho que a criar não poderá deixar de ter em conta esta realidade que está já no terreno nesta área.

18. As conclusões do Conselho Europeu de Bruxelas de 4/5 de Novembro de 2004, dão um sinal seguro de que se torna necessário reforçar a cooperação policial e judiciária em matéria penal e o desenvolvimento futuro da Eurojust e da Europol como **pressupostos fundamentais da Procuraria Europeia**, embora sem qualquer **referência expressa** às condições da criação desta instituição.

Este Conselho além do mais debateu o espaço de liberdade, segurança e Justiça na sequência do Conselho de Tampere e estabeleceu o **programa de Haia** para os próximos cinco anos.

Abordaremos seguidamente as principais conclusões daquele Conselho sobre a **Europol**, **a cooperação judiciária** em matéria penal e a **Eurojust**.

O Conselho Europeu insta os Estados-Membros a que permitam à Europol, em cooperação com a Eurojust, desempenhar um papel fundamental na luta contra as formas graves de criminalidade (organizada) transfronteiras e o terrorismo, mediante:

• a ratificação e a implementação efectiva dos instrumentos jurídicos necessários até ao final de 2004[109];

---

[109] **Protocolos Europol**: Protocolo que altera o artigo 2.º e o anexo da Convenção Europol, de 30 de Novembro de 2000, JO, C – 358, de 13.12.2000, p. 1; Protocolo relativo aos privilégios e imunidades da Europol, dos membros dos seus órgãos, dos seus directores-adjuntos e agentes, de 28 de Novembro de 2002, JO, C – 312, de 16.12.2002, p. 1; Protocolo que altera a Convenção Europol, de 27 de Novembro de 2003, JO, C – 2, de 6.1.2004. Convenção, de 29 de Maio de 2000, relativa ao Auxílio Judiciário Mútuo em Matéria Penal entre os Estados-Membros da União Europeia, JO, C – 197, de 12.7.2000, p. 1, e respectivo Protocolo de 16 de Outubro de 2001, JO, C – 326, de 21.11.2001, p. 2; Decisão-Quadro 2002/465/JAI, de 13 de Junho de 2002, relativa às equipas de investigação conjuntas, JO, L – 162, de 20.6.2002, p. 1.

• a prestação atempada de todas as informações de grande qualidade necessárias à Europol;
• o incentivo à boa cooperação entre as suas autoridades nacionais competentes e a Europol.

Com efeitos a **partir de 1 de Janeiro de 2006, a Europol** deverá substituir os seus "relatórios de situação da criminalidade" por "**avaliações da ameaça" anuais sobre formas graves de crime organizado**, com base nas informações prestadas pelos Estados-Membros e **em dados fornecidos pela Eurojust e pelo Grupo Operacional dos Chefes das Polícias**. O Conselho deverá servir-se destas análises para estabelecer anualmente prioridades estratégicas, que funcionarão como linhas directrizes para acções futuras. Deveria ser este o próximo passo para atingir o objectivo de estabelecer e implementar uma metodologia de aplicação da lei a nível da UE assente na comunicação de informações.

A **Europol** deverá ser designada pelos Estados-Membros como órgão central da União em matéria de **falsificação do euro** na acepção da Convenção de Genebra de 1929.

O Conselho deverá adoptar a lei europeia sobre a Europol, prevista no artigo III-276.º do Tratado Constitucional, logo que possível após a entrada em vigor deste Tratado e o mais tardar em 1 de Janeiro de 2008, tendo em conta todas as tarefas cometidas à Europol.

Até essa altura, a **Europol deverá aperfeiçoar o seu funcionamento**, recorrendo plenamente ao acordo de **cooperação com a Eurojust**. Caberá à Europol e à Eurojust apresentar anualmente ao Conselho um relatório sobre as suas experiências comuns e sobre os resultados específicos obtidos. Além disso, a **Europol e a Eurojust deverão incentivar o recurso às equipas de investigação conjuntas dos Estados-Membros e a sua participação nessas equipas**.

19. **Quanto à cooperação judiciária em matéria penal**, segundo o Conselho Europeu de Bruxelas, deverá procurar-se introduzir melhorias, reduzindo os obstáculos jurídicos existentes e reforçando a coordenação de investigações. Na perspectiva de **aumentar a eficiência da acção penal**, garantindo ao mesmo tempo a correcta administração da justiça, **deverá ser consagrada especial atenção às possibilidades de concentrar num só Estado-Membro a acção penal em processos multilaterais transfronteiras**. O aprofundamento da cooperação judiciária em matéria

penal é fundamental para se dar um seguimento adequado às investigações levadas a cabo pelas autoridades de aplicação da lei dos Estados-Membros e pela Europol.

O Conselho Europeu recorda, neste contexto, a necessidade de ratificar e aplicar efectivamente e sem demora os instrumentos legais destinados a melhorar a cooperação judiciária em matéria penal, tal como referido no parágrafo sobre a cooperação policial.

Deverá ser completado o programa global de medidas destinadas a **aplicar o princípio do reconhecimento mútuo das decisões penais**, que engloba as decisões judiciais que tenham sido proferidas em todas as fases do processo penal ou que sejam, de outro modo, pertinentes para esse processo, **tais como a recolha e a admissibilidade de provas**, os **conflitos de jurisdição** e o **princípio ne bis in idem** e a **execução de sentenças finais** que decretem penas de prisão ou outras sanções (alternativas)[110], e deverá ser dada maior atenção a propostas adicionais neste contexto.

A concretização do reconhecimento mútuo enquanto pedra angular da cooperação judiciária implica a definição de normas equivalentes aplicáveis aos direitos processuais no âmbito dos processos penais, com base em estudos relativos aos níveis de salvaguardas existentes nos Estados-Membros e com o devido respeito pelas respectivas tradições jurídicas. Neste contexto, **deverá ser aprovado até ao final de 2005 o projecto de decisão-quadro relativa a certos direitos processuais no âmbito dos processos penais na União Europeia**.

O Conselho deverá adoptar, até finais de 2005, a **Decisão-Quadro sobre o Mandado Europeu de Obtenção de Provas**[111]. Solicita-se à Comissão que apresente as suas propostas sobre o reforço da troca de informações constantes dos registos nacionais de condenações e inibições, especialmente dos relativos a pessoas condenadas por crimes sexuais, até Dezembro de 2004, tendo em vista a sua aprovação pelo Conselho antes do final de 2005. A estas deverá seguir-se, em Março de 2005, uma nova proposta relativa a um sistema informático para o intercâmbio de informações.

O Conselho Europeu recorda que se prevê nos tratados a definição de **regras mínimas em matéria de direito processual** a fim de facilitar o reconhecimento mútuo das sentenças e decisões judiciais, bem como a

---

[110] JO, C – 12, de 15.1.2001, p. 10-22.
[111] COM(2003) 688.

cooperação policial e judiciária em matéria penal que tenham uma dimensão transfronteiras. **A aproximação do direito penal substantivo** tem a mesma finalidade e diz respeito a domínios de criminalidade particularmente grave com uma dimensão transfronteiras. Deverá ser dada prioridade aos domínios de criminalidade a que os referidos tratados fazem expressamente referência.

Para assegurar uma implementação mais eficaz no âmbito dos sistemas nacionais, os Ministros JAI deverão assumir a responsabilidade de, no âmbito do Conselho, definir as infracções penais e determinar as sanções em geral.

20. Para lutar eficazmente contra a **criminalidade organizada transfronteiras e outras formas graves de criminalidade e terrorismo,** é necessário que se estabeleçam formas de cooperação e se coordenem as investigações e, **sempre que possível, que os processos penais sejam centralizados pela Eurojust, em cooperação com a Europol.**

O Conselho Europeu **insta os Estados-Membros** a permitirem à Europol que desempenhe as suas tarefas:

• implementando de forma eficaz a decisão do Conselho sobre a **Eurojust** até finais de 2004[112], **dando especial atenção aos poderes judiciais que deverão ser conferidos aos seus membros nacionais**; e

• garantindo a plena cooperação entre as autoridades nacionais competentes e a Eurojust.

Com base numa proposta da Comissão, o **Conselho deverá adoptar a lei europeia sobre a Eurojust prevista no artigo III-273.° do Tratado Constitucional, após a entrada em vigor deste Tratado** e o **mais tardar em 1 de Janeiro de 2008**, tendo em conta todas as tarefas cometidas à Eurojust.

Até lá, a Eurojust melhorará o seu funcionamento, centrando-se na coordenação de processos multilaterais, graves e complexos. No seu relatório anual ao Conselho, a Eurojust deverá incluir os resultados e a qualidade da sua cooperação com os Estados-Membros. A Eurojust deverá fazer a máxima utilização possível do acordo de cooperação com a Euro-

---

[112] JO, L – 63, de 6.3.2002. pp. 1-3.

pol e prosseguir a cooperação com a Rede Judiciária Europeia e com outros parceiros relevantes.

O Conselho Europeu convida o Conselho a ponderar a possibilidade de continuar a desenvolver a Eurojust, com base numa proposta da Comissão.

Os objectivos deste programa de Haia são em suma "lutar contra o crime organizado tranfronteiras e reprimir a ameaça de terrorismo, concretizar o potencial da Europol e do Eurojust, levar por diante o reconhecimento mútuo das decisões e certidões judiciais".

Para o efeito sublinha-se "a cooperação prática nos domínios policial e judiciário, a aproximação de legislações e o desenvolvimento de políticas comuns".

"A Comissão Europeia é convidada a elaborar propostas sobre o papel do Parlamento Europeu e dos parlamentos nacionais na **avaliação das actividades da Eurojust e no controlo das actividades da Europol**, que deverão ser apresentadas **logo que o tratado Constitucional entre em vigor**".

O Conselho preconiza a aprovação das leis europeias sobre a Europol (art. III – 276.°) e sobre a Eurojust (art. III – 273.°) após a entrada em vigor do Tratado e o mais tardar em 1 de Janeiro de 2008.

21. Na mesma linha e reforçando as conclusões do Conselho Europeu de Bruxelas de 4/5 Novembro de 2004, vai o **relatório do Parlamento Europeu** de 9.2.2005[113] cujo relator foi o Deputado António Costa.

Tal relatório contém uma proposta de **recomendação ao Conselho** sobre a qualidade da justiça penal e **a harmonização da legislação penal nos Estados-Membros**.

Em tal proposta o Parlamento Europeu:

– considerando que o "**direito à Justiça**" abrange, nomeadamente, o direito a um recurso efectivo, o direito de acesso a um tribunal imparcial, o direito a um processo equitativo, o direito a ser julgado num prazo razoável e o direito de acesso a apoio judiciário, e que a protecção destes direitos é ainda mais essencial em matéria de processo penal;

---

[113] Final, A6 – 0036/2005.

– persuadido de tal protecção emerge, liminarmente, da esfera de competências de cada Estado-Membro, que a garante em conformidade com o seu próprio enquadramento constitucional e as suas tradições jurídicas, mas que a adesão à União implica a necessidade, por um lado, de **assegurar aos cidadãos europeus um tratamento compatível**, independentemente do local onde se encontram na União, e, por outro lado, de **reforçar a confiança recíproca entre os Estados-Membros** a fim de permitir o **reconhecimento mútuo dos julgamentos** e mesmo a admissão da **entrega dos seus próprios cidadãos aos juízes de outros** Estados-Membros;

– evocando o projecto de Tratado que estabelece uma Constituição (artigo III-260.°) e o Programa da Haia (n.° 3.2) que reconhecem a importância de uma **avaliação mútua entre os Estados--Membros a fim de reforçar a confiança recíproca** e que cumpre definir instrumentos e procedimentos mais adequados para tal avaliação e para reforçar o intercâmbio de informação e as possibilidades de formação, em prol da qualidade da justiça penal na Europa;

Recomenda ao Conselho:

– **que defina**, tendo em conta as avaliações mútuas já em curso no contexto das medidas atinentes à luta contra o terrorismo e à cooperação Schengen, **indicadores e procedimentos que permitam estabelecer um sistema de avaliação mútua sobre a qualidade da justiça penal nos Estados-Membros**;

– que transponha esses procedimentos e indicadores numa ou em várias decisões baseadas no artigo 31.° do Tratado da União Europeia, que dêem execução aos princípios enunciados pela jurisprudência dos Tribunais de Estrasburgo e do Luxemburgo, bem como às orientações emitidas pela Comissão tendo em vista a eficácia da justiça na Europa.

22. Quer o programa de Haia, quer as conclusões do Conselho Europeu de Bruxelas de 4/5 de Novembro de 2004 quer o citado relatório António Costa do Parlamento Europeu **não se referem expressamente à criação da Procuradoria Europeia** prevista no art. III – 274.° da Constituição para a Europa.

Todavia pressupõem tal criação na medida em que se preocupam extensamente com a implementação das condições substantivas e organizatórias que viabilizam o funcionamento da futura Procuradoria Europeia.

Nesta matéria não é despicienda a **Comunicação de 9 de Agosto de 2004** (não publicado no Jornal Oficial, mas acessível no site europa.eu.int/scadplus/leg.) da Comissão Europeia sobre a protecção dos interesses financeiros das Comunidades – luta antifraude – plano de acção 2004-2005.

Nela se preconiza o **reforço da dimensão judiciária penal**.

Neste sentido a Comissão projectou a preparação dum **livro branco para reforçar os procedimentos penais do procurador europeu** e estabelece como prioridade o **reforço** do quadro regulamentar de 1999 relativo às **actividades e competências do OLAF** bem como o desenvolvimento da **protecção penal dos interesses financeiros da União na sequência da criação dum Procurador Europeu**.

Daqui se pode concluir que o reforço do OLAF irá ser implementado tendo em vista a sua articulação com o futuro Procurador Europeu.

V. CONSIDERAÇÕES FINAIS

1. Só após a entrada em vigor do Tratado que estabelece uma Constituição para a Europa **é que será possível** a instituição, por Lei europeia do Conselho, duma **Procuradoria Europeia**.

Segundo o art. IV – 447.°, n.° 2, aquele Tratado "entra em vigor no dia **1 de Novembro de 2006, se tiverem sido depositados todos os instrumentos da ratificação** ou, não sendo o caso, no primeiro dia do segundo mês seguinte ao do depósito do instrumento da ratificação do Estado signatário que proceder a esta formalidade em último lugar".

O que significa que poderá entrar em vigor em data posterior aquela, se entretanto houver **acidentes de percurso no processo de ratificação** de algum ou alguns Estados-Membros. Foi o que sucedeu com a França e Holanda, cujos referendos negaram a ratificação do Tratado Constitucional.

Embora como mera hipótese, **para que esta Constituição entre em vigor**, torna-se necessário que se repita o processo de ratificação daqueles Estados-membros, ou doutros que entretanto venham a não aprovar o Tratado Constitucional **até 1 de Novembro de 2006, ou posteriormente, até que todos os Estados-membros a ratifiquem**.

A este propósito deve ter-se em consideração o disposto na declaração (n.° 30), constante da **acta final** que dispõe "que se, decorrido um prazo de **dois anos a contar da data de assinatura do Tratado** que estabelece uma Constituição para a Europa, quatro quintos dos Estados-Membros o tiverem ratificado e um ou mais Estados-Membros tiverem deparado com dificuldades em proceder a essa ratificação, o Conselho Europeu analisará a questão".

29 de Outubro de 2006 será pois a data charneira para se definir o futuro desta Constituição. Obviamente se até lá quatro quintos dos Estados-membros ou seja **vinte Estados-membros**, tiverem ratificado a Constituição.

2. Mas mesmo após a entrada em vigor do Tratado há como se viu **condicionantes substantivas** da instituição da Procuradoria Europeia.

Condicionantes que passam além do mais pela prévia harmonização por **lei-quadro europeia da definição de infracções penais e respectivas sanções** da competência material da Procuradoria Europeia, bem como o estabelecimento por **lei europeia das regras processuais** aplicáveis às suas actividades, incluindo a fiscalização jurisdicional dos respectivos actos processuais.

Condicionantes que pressupõem ainda a **reorganização da Eurojust**, a partir da qual se irá instituir a Procuradoria Europeia, bem como **da Europol**, estruturas fundamentais para, **ao lado do OLAF**, garantirem o bom funcionamento da Procuradoria Europeia, quando ela vier a ser instituída.

A liberdade de circulação de pessoas bens e serviços e de instalação de empresas entre os Estados-membros da União Europeia, implicou a **abolição das respectivas fronteiras terrestres, marítimas e aéreas**.

O Euro, como moeda única a circular nos Estados-membros que a adoptaram, teve como consequência a abolição das respectivas moedas nacionais, logo a **abolição das fronteiras cambiais**.

A liberdade do comércio mundial, propiciado pela Organização Mundial do Comércio, por seu turno facilitaram a **abolição das fronteiras alfandegárias** da U.E. e dos Estados-membros, com os grandes espaços económicos externos (E.U.A., China, Índia, Japão etc.).

Tudo isto são factores altamente potenciadores da criminalidade transnacional e organizada.

De uma **criminalidade intra-nacional** com fronteiras geográficas monetárias, jurídicas e jurisdicionais bem definidas, nas últimas décadas, passou-se para uma **criminalidade internacional, sem fronteiras**, organizada a maior das vezes a **nível verdadeiramente empresarial e multinacional**.

Para a prevenção e combate desta criminalidade não respondem minimamente as estruturas policiais e judiciais dos Estados-Membros da União Europeia cada um de per si e de costas voltadas para as restantes.

Os instrumentos comunitários da **cooperação policial e judiciária** entre os Estados-Membros, têm vindo a ser lentamente implementados e estão longe de abranger a totalidade da U.E..

Além disso os relatórios anuais da Eurojust, da Europol e do OLAF, dizem bem da ineficiência e **insuficiência da tal cooperação**.

À abolição de fronteiras geográficas, económicas e monetárias entre os Estados-Membros da U. E., contrapõem-se ainda, apesar dos mecanismos comunitários de cooperação, as **fronteiras policiais e judiciais de cada Estado-Membro**.

Estamos numa área onde os símbolos ancestrais do poder soberano dos Estados-Membros (polícia e justiça) mais **resistem a integração mesmo que partilhada na União Europeia**.

3. Só um organismo comunitário com **competência territorial para toda a União Europeia** e todos e cada um dos Estados-Membros, como a **Procuradoria Europeia**, e com **regras mínimas comuns** sobre os tipos de crime grave, organizado e transnacional, a responsabilidade criminal substantiva e sobre o respectivo regime processual penal pode responder com um mínimo de eficácia a esta criminalidade que abrange o espaço europeu sem fronteiras internas.

A montante, este organismo comunitário centralizado **respeitaria minimamente a soberania dos Estados-Membros em matéria de investigação criminal**, na medida em que pressupõe necessariamente a sua articulação com o Ministério Público e as autoridades policiais de cada Estado-membro.

A jusante, cada Estado-membro veria respeitada integralmente a sua **soberania judicial**, uma vez que os actos da Procuradoria Europeia que contendessem com os direitos, liberdades e garantias dos cidadãos e o respectivo julgamento ficariam necessariamente sujeitos à jurisdição dos tribunais nacionais.

4. À laia de conclusão afigura-se que, na expectativa fundada da actual Constituição Europeia não poder entrar em vigor a médio prazo, os referidos mecanismos comunitários de condicionantes da instituição da Procuradoria Europeia deveriam ser implementados o mais breve possível.

Como se a Constituição Europeia, normalmente viesse a entrar em vigor em 1 de Novembro de 2006 (art. IV – 447.°).

Se nesta data a Constituição Europeia não entrar em vigor, nem se vislumbrar a reformulação do processo constitucional, então a União Europeia deveria aprovar **um Tratado**, ou até uma **Convenção**[114] **sobre**

---

[114] O processo a adoptar poderia ser similar ao da Convenção de aplicação do Acordo de Schengen de 14 de Junho de 1985, publicada na JOC. N.° L239 de 22/09/2000.

a Procuradoria Europeia, e todo o regime comunitário de cooperação policial e judiciária em matéria penal, que lhe sirva de suporte.

A instituição da Procuradoria Europeia, que já se havia colocado aquando do Tratado de Nice (2001), frustrou-se apenas por se haver reconhecido a necessidade de melhor aprofundamento da questão.

Aprofundamento que de então para cá foi feito ao nível do Parlamento Europeu, da Comissão, do Conselho, do OLAF, do Grupo de Trabalho X "Liberdade, Segurança e Justiça" da Convenção Europeia, e sobretudo do Conselho Europeu de Bruxelas de 4/5 Novembro de 2004 e do consequente programa de Haia, bem como o relatório António Costa do Parlamento Europeu (9.2.2005).

Isto para além da Convenção P.I.F. (26/7/1995) em vigor nos 15 Estados-Membros desde 17 de Outubro de 2002, que tipificou a **fraude lesiva dos interesses financeiros** comunitários, e respectivos protocolos sobre os actos de **corrupção** dos funcionários nacionais ou comunitários e **branqueamento de capitais**[115].

O levantamento das principais questões sobre esta problemática e as correspondentes soluções comunitárias está feito.

A aprovação dos textos normativos depende só da **vontade política das instituições comunitárias e dos Estados-membros**.

Aqui estará a maior dificuldade!

---

[115] Cfr. Cap. I e III.

ÍNDICE

Págs.

Nota Explicativa 7

CAPÍTULO I
Combate À Fraude Financeira E Corrupção Na União Europeia

I.	Origem e Fundamento da Luta Anti-Fraude...	15
II.	Os Estados-Membros e a Comissão na Luta Anti-Fraude. O Tratado de Maastricht	21
III.	Instrumentos do 3.º Pilar na Luta Anti-Fraude e Corrupção	25
IV.	O Relatório Especial n.º 8/98 do Tribunal de Contas Europeu e a Resolução (Bösch) do Parlamento Europeu	31
V.	A Corrupção e a UCLAF...	35
VI.	O OLAF e a Nova Estratégia Anti-Fraude e Corrupção	39
VII.	Os Inquéritos Internos..	45
VIII.	Funcionamento do OLAF	49
IX.	Avaliação do OLAF...	53
X.	O caso EUROSTAT, o Parlamento Europeu e a Reforma do OLAF	57
XI.	O Procurador Europeu e o Tratado de Nice	59
XII.	O Procurador Europeu: do Corpus Juris até ao Livro Verde da Comissão.....	63
XIII.	A Constituição para a Europa, o Procurador Europeu e o OLAF.................	67

CAPÍTULO II
Política Anti-Criminalidade Transnacional Na U.E.

I.	A criminalidade Organizada transnacional na União Europeia	75
II.	A EUROPOL e a Cooperação Policial	81
III.	A Cooperação Judiciária em Matéria Penal. A EUROJUST	85
IV.	O 11 de Setembro de 2001 e a União Europeia	93
V.	Os Atentados Terroristas de 11 de Março de 2004 em Madrid	107
VI.	Avaliação dos Instrumentos do 3.º Pilar	111

CAPÍTULO III
O Tratado Que Estabelece Uma Constituição Para A Europa

I. O Espaço de Liberdade, Segurança e Justiça: Cooperação Judiciária e Policial. 123
II. EUROPOL 133
III. EUROJUST 139

CAPÍTULO IV
A Procuradoria Europeia Na Constituição Para A Europa

I. A Necessidade da Criação da Procuradoria Europeia: O âmbito das suas Competências 147
II. Competência Processual Penal e Estrutura Organizativa 153
III. O Livro Verde sobre a Criação de um Procurador Europeu 159
IV. Pressupostos da Criação da Procuradoria Europeia 171
V. Considerações Finais 179